COLLECTION POÉSIE

PIERRE JEAN JOUVE

Les Noces

SUIVI DE

Sueur de Sang

PRÉFACE DE
JEAN STAROBINSKI

GALLIMARD

LA TRAVERSÉE DU DÉSIR

Les Noces établissent l'ouverture de l'œuvre de Pierre Jean Jouve : c'est le poème de l'entrée en poésie, de la naissance du poète à sa vocation désormais assurée. Nous savons que ce livre, auquel son auteur attribue une valeur inaugurale, efface et rejette toute une production antérieure. N'en fussions-nous pas avertis, la lecture de l'ouvrage nous révélerait de la façon la plus nette que le poète accède à l'exercice de poésie par la puissance du refus et par la volonté de surpassement. Le poème liminal *(Songe)* n'exprime pas seulement l'éloignement envers l'époque, mais la distance activement interposée entre le jour présent et une jeunesse irrévocablement révolue.

Un seuil est franchi ; un pas est accompli en direction de la mort. « *Le chant d'expérience est vieillesse.* » Mais c'est aussi la découverte de « *l'esprit jeune* », de « *l'esprit de création gaie* ». Une allégresse enfantine et pensive devient possible. La puissance du refus, qui abolit avec violence, décide aussi d'un recommencement, d'une *vita nuova.* Le premier mouvement du poème *Magie* évoque un livre déchiré : le poète se retourne amèrement contre une erreur première de

7

la parole. A la destruction rageuse succède la nouvelle injonction d'écrire, la nécessité accrue du langage :

Et le poète était encore une fois illuminé
Il ramassait les morceaux du livre, il redevenait
    aveugle et invisible,
Il perdait sa famille, il écrivait le mot du premier
    mot du livre.

Aveugle, illuminé; faisant la nuit pour recevoir la lumière; reniant un visage de lui-même, pour trouver sa voix selon la poésie; perdant une première identité pour inventer une identité selon la parole...

De toute œuvre d'art, l'on peut dire qu'elle instaure son ordre propre par l'usage différent qu'elle fait des matériaux de l'existence commune. Mais il faut observer aussitôt qu'en poésie, depuis Baudelaire, la découverte d'un nouveau langage (ou d'un « frisson nouveau ») n'a plus pour seule condition la mise au point d'un savoir-faire original: la création suppose une révolution accomplie, non plus seulement dans l'univers des formes et des techniques, mais d'abord dans le vif du destin personnel. Seuls des termes métaphoriques — sacrifice, suicide, conversion — peuvent en rendre compte. C'est dans le tourment et dans l'holocauste intérieurs que le poète abolit sa première parole, réduit le monde au silence, pour le retrouver dans un langage régénéré. Une lettre fameuse de Mallarmé, entre autres, porte témoignage... Cette mue permet à la conscience de se saisir comme pouvoir universel, mais sans qu'il lui soit permis d'oublier l'acte sanglant (la décollation de saint Jean, pour reprendre l'image de Mallarmé) dont elle procède. Le passage à ce degré second, qui paraîtra d'abord celui d'une existence im-

8

personnelle, rend caduc tout souci d'expressivité immédiate. Le poème ne peut plus être une pièce d'éloquence versifiée ou un chuchotement confidentiel, liés à un moi ingénu et borné. La création ne se distingue pas désormais du mouvement par lequel la personne du poète se déprend et se transmue : le poème « moderne » est souvent l'histoire et la célébration de son propre avènement, qui est du même coup l'accession du poète à la « vraie vie ». Ayant su reporter sur l'œuvre (ou plus exactement : sur l'absence que l'œuvre a mission de solliciter) toutes ses ressources passionnelles, le poète renonce à tout pour venir au monde une seconde fois. Le destin singulier, consumé au bénéfice du poème, ressuscite sous les espèces d'une haleine signifiante et musicale. Ainsi, au lieu de maintenir le langage dans sa fonction quotidienne de truchement psychologique, de porte-parole du sujet, le poème devient, pour ainsi dire, le « porte-sujet » du langage, le garant d'une existence seconde enfantée par la négation féconde et respirant selon le souffle des mots.

Ce caractère fondamental de la modernité en poésie trouve dans l'œuvre de Jouve l'une de ses illustrations exemplaires. L'acte décisif du refus et du passage au degré second s'y trouve accompli avec une intensité peu commune. C'est à quoi s'emploie, en Jouve, une force d'accusation et d'opposition, dont la présence est partout décelable. « Je contiens certainement un juge implacable — sorte de bourreau. Nous nous devons réciproquement quelque honneur pour la fidèle énergie que nous avons manifestée ensemble dans notre vie commune. » A tous les niveaux s'inscrit la marque du bourreau intérieur, qui veut le sacrifice et le progrès ; partout se montre l'œuvre du non résolu. Mais c'est

9

à l'origine surtout que l'arrachement est violent. S'il fallait désigner, dans l'univers de Jouve, une situation primitive, je choisirais l'image de l'homme mêlé au tronc de l'arbre (L'Arbre mortel) ou menacé par les murs qui se rapprochent de lui (La Prison). Au vertige angoissant du corps à corps avec une force hostile — à la fois matérielle et obscurément vivante — répond l'appel d'une rupture, la trouée, le coup d'aile. La conscience, captive d'un maléfice dont elle n'est pas entièrement innocente, entreprend « le combat obscur incertain » : elle gagne l'horizon libre à travers la brèche qu'elle ouvre. Ce dégagement, le poème l'effectue sans esquiver l'obstacle. « A la fin », libérée de l'emmêlement obscur et de l'étouffement qui la menaçaient, la parole prend son essor, conquiert une aisance et une allégresse merveilleuses, n'oubliant toutefois ni sa propre pesanteur charnelle, ni les blessures subies. L'issue victorieuse apparaît, dans Les Noces, sous des figures multiples : lumière, espace ouvert, liberté, seconde vie, colombe, sourire de Dieu... Le pouvoir de varier infiniment les images de la délivrance appartient à la délivrance elle-même.

Dans les poèmes des Noces, la conscience ne fait pas seule son travail libérateur. Elle recourt à des intercesseurs, elle se laisse guider par des médiateurs. Il faut nommer, selon l'ordre croissant d'importance, les artistes, les doubles imaginaires du poète, les figures divines.

Mozart, Blake, Hölderlin, Baudelaire, Rimbaud sont des figures tutélaires, qui indiquent la voie favorable. Les citations que Jouve introduit de proche en proche sont moins des emprunts que des signes d'intelligence et de gratitude envers ceux qui lui ont révélé

un règne de poésie. Ils ont la fonction que Dante attri-
bue à Virgile ; au moment où Jouve découvre l'inflexion
si originale de son langage propre, il peut y inclure
quelques-unes des paroles mémorables qui l'ont escorté.
Ces reprises ont valeur de « variations » ; le texte ancien
sonne d'une façon inattendue, par le seul fait de son
insertion dans un nouveau contexte. (Ainsi en va-t-il
du choral de Bach dans le Concerto de violon *d'Alban*
Berg.)

D'autres intercesseurs sont des personnages inventés.
On trouve dans Les Noces *des poèmes étroitement liés*
aux héros des textes romanesques composés par Jouve
à la même époque (Paulina 1880, Le Monde désert,
Hécate)*. L'écrivain délègue ainsi le pouvoir de créer*
à un être imaginaire qu'il a produit de sa substance.
La fiction projective relaie et prolonge l'expérience,
et le poète se confie à un second poète formé par son
désir.

L'homme enserré dans l'arbre mortel voit revenir
l'Ange. Le prisonnier est délivré par intervention
divine :

    Un Ange survint, écarta les murailles
    On revit le soleil, le monde illimité.

Le trait le plus marquant de la poésie de Jouve est
sans doute la façon dont l'acte du passage à la vie
seconde se redouble et se renforce : l'élévation de la
parole au degré poétique ne comporte pas seulement
une signification esthétique, mais encore une significa-
tion religieuse. Dans le commentaire autobiogra-
phique En miroir, *Jouve définit l'intention qui*
présidait à la composition des Noces *: « J'étais orienté*

vers deux objectifs fixes : d'abord obtenir une langue de poésie qui se justifiât comme chant [...] et trouver dans l'acte poétique une perspective religieuse — seule réponse au néant du temps. »

« *Un mouvement vers le haut, un mouvement de conscience que je propose de nommer « spirituel » se présentait à l'esprit par ces deux objectifs réunis. Ce mouvement n'a plus varié dans tout le cours postérieur de ma vie et de mon travail. »*

Par l'affirmation si nette de l'objectif religieux, Jouve se désolidarise d'une des tendances de la poésie moderne avec laquelle notre description, jusqu'à ce point, pouvait encore laisser supposer certains liens. Le mouvement du refus originel, le passage à la vie seconde du langage, l'éveil de la conscience à une liberté accrue : tous ces actes appartiennent aussi bien à une littérature athée et désespérée, qui cherche à constituer son ouvrage comme une énigme solitaire, dans un espace vide et pur. L'éclat insensé de l'œuvre n'est alors que la réplique (et dans le meilleur des cas : le reflet) de l'éclat insensé du monde ; la conscience s'épuise en une vigilance (ou en cette vigilance inversée qu'est l'aveuglement systématique) qui met au défi toute chose existante. Jouve ferait sans doute remarquer que, sous l'aspect glacial de l'hyperconscience ou sous l'aspect sauvage de la transgression, la poésie athée ne fait que répéter — sciemment ou inconsciemment — le mouvement religieux du « progrès de l'âme », mais en le sécularisant et en le parodiant, dans une imitation qui ne reproduit l'acte du passage que dans son schéma nu, et non dans sa véritable « substance ». Réplique substitutive du renoncement religieux, la conversion orgueilleuse à la poésie s'accomplit selon le geste fonda-

12

mental de la foi, mais ne veut pas se concevoir comme un succédané de la foi. L'œuvre athée y gagne parfois en importance, puisque l'écrivain ne reconnaît rien au-dessus de l'œuvre. Ainsi le poème (objet insaisissable, sens inépuisable et vain) brille un instant sur l'emplacement désert qui fut celui de l'absolu. De pareilles œuvres sont parfois admirables. Jouve n'en répudie pas l'enseignement, mais il tient pour indispensable de replacer l'élan propulsif du mouvement poétique dans sa vérité originelle, qui est de nature religieuse. La liberté à laquelle Jouve aspire n'est pas une autonomie sans attaches ; on ne saurait la confondre avec l'arbitraire triomphant ; c'est au contraire le don d'une Grâce justifiante octroyée à l'homme injustifiable. Le poète libéré desserre les liens qui l'asservissent au monde coupable, pour se plier et s'abandonner à la loi du Père. S'il fallait définir plus exactement la poésie de Jouve, nous dirions que l'enjeu n'y est pas la conscience que l'être prend de soi, mais la vocation de l'âme, plongée dans les eaux troubles du péché, qui s'offre au regard limpide d'un juge et d'un amant transcendant. Poésie de l'âme, et non de la conscience (au sens intellectuel), poésie de l'abandon et non de la conquête, l'œuvre de Jouve fait suite aux grands « itinéraires » de la spiritualité chrétienne.

C'est à cette complémentarité du mouvement poétique et de la visée religieuse que l'œuvre de Jouve doit de se développer au sein d'un espace peuplé de tensions qualitatives, marqué par les points cardinaux de l'en deçà et de l'au-delà, par l'écart ontologique du haut et du bas. Le temps y est dramaturgie sacrée, il se déroule entre un alpha et un oméga, il alourdit l'âme d'expérience et lui offre l'espace d'une translation entre les lieux de l'origine et les fins dernières. Que le poème jouvien cherche l'illumination de la hauteur, ou qu'il se retourne vers les paysages luxuriants de la nature primitive, il est toujours un cheminement orienté. Il est mouvement à partir de... et mouvement vers... Un transit affectif, souvent d'une extrême rapidité, s'opère en lui. Attentif à effacer les liens logiques du discours, Jouve demande néanmoins au poème d'offrir l'évidence d'un parcours ou d'une trajectoire. Ce qui est vrai du poème isolé l'est encore davantage des séquences de poèmes reliés par un même motif, et l'est surtout du livre entier (de chaque livre de Jouve) : si complexes qu'en soient les chemins intérieurs, les retours et les recommencements, le livre s'inscrit entre un point de départ et un point d'aboutissement.

Cependant, la foi de Jouve n'est pas assise sur le dogme. C'est une foi tremblante, — nullement militante ni conquérante. Sans attaches avec l'Église. Elle se cherche sur les lèvres du poète, et elle s'énonce dans la solitude où grandit l'œuvre. Elle n'est pas un thème que le poète élirait parmi d'autres, une « source d'inspiration » à côté d'autres : elle n'est pas la chose dite, mais bien plutôt le dire lui-même.

Une série de synonymies s'établit. L'entrée en poésie peut s'énoncer comme un salut ; la perte de l'identité première entraîne avec elle le dépouillement du « vieil homme » ; la rupture accomplie pour conquérir la liberté créatrice ne se distingue pas de la volte-face par laquelle le croyant se déprend de lui-même pour se tourner vers un plus haut amour...

Gardons-nous toutefois de croire que Jouve assimile entièrement l'acte poétique à la prière, et qu'il confonde (comme il était de mode vers 1930, c'est-à-dire à la

14

date où paraissaient Les Noces) *littérature et mystique.
La « chasse spirituelle », chez Jouve, apparaît assurément comme l'autre face d'une conquête de la poésie : seulement c'en est la face élusive. Certes, lorsqu'il explore le péché ou lorsqu'il annonce la catastrophe, le poème atteste déjà la résistance au péché et à la catastrophe, mais il ne peut parler de la délivrance qu'en se sachant encore en deçà de celle-ci. Entre le mal radical et la présence divine, le poème ne peut être que le mouvement de l'entre-deux. La foi se sait ici captive du règne des mots ; le « sentiment » du poète ne revendique pas la qualification religieuse absolue, il témoigne d'une passion vécue dans la substance opaque et sensible du langage. Sous peine de perdre sa vérité, le « sentiment » ne peut s'exprimer comme une foi actuelle. Quand bien même il annoncerait l'avènement du Règne, le langage de la poésie n'est que la projection emblématique, analogique et figurée, du désir qu'éprouve le poète de naître à la plénitude de la foi. En recourant, par exemple, aux vocables de l'humilité et du renoncement, le poème n'accomplit l'ascèse que dans une imitation grave et, pour ainsi dire, par personne interposée. Ce faisant, il suscite à ses propres limites une valeur à laquelle il se subordonne sans la parachever ; il désigne une région lointaine — avenir spirituel, terre promise — qu'il n'habite pas encore, qu'il ne cesse de vouloir rejoindre, et qu'il est pourtant voué à n'atteindre jamais. Rien n'est plus significatif, chez Jouve, que le retour à la situation de lutte et d'épreuve, de péché et d'angoisse, qui fait souvent suite aux poèmes les plus exultants. En poésie, la foi n'a jamais partie gagnée, tout est toujours à recommencer, car, comme l'écrivait Gabriel Bounoure en parlant*

précisément de ce livre, le poète n'est pas « guéri du temps ». En miroir *apporte sur ce point des précisions essentielles. Alors que l'ascèse religieuse « réprime le corps » et demande que « le symbole s'élimine afin que le moi reste seul en face de l'essence », Jouve observe que « la poétique suit le chemin inverse ». Quand la parole poétique porte l'image d'une ascèse, elle le fait sans quitter « l'être corporel » du symbole, c'est-à-dire qu'elle résiste à l'exigence de l'ascèse dans l'instant même où elle l'évoque. Cette situation trouve sa parfaite expression dans la suite de poèmes intitulée* Jardin des âmes au printemps : *le poète y apparaît comme le spectateur méditatif et problématique de la vocation religieuse accomplie hors de lui par une communauté de sœurs visitandines. Ce couvent entouré de verdures opulentes, aperçu du haut d'une fenêtre, en plein Paris, offre le thème religieux sous les espèces d'un paysage chargé de valeur symbolique — dans une extériorité que le poète réfléchit intérieurement en la décrivant.*

Les Noces *aboutissent au grand poème* Vrai Corps, *l'un des sommets de la poésie de Jouve. On y trouvera l'entière expression du sentiment religieux du poète : il se définit comme une dévotion au Christ, comme une « christologie ». Son objet de méditation est le battement entre vie et mort. Aussi convient-il de remarquer que le moment auquel s'attache plus longuement l'attention de Jouve est celui qui suit le coup de lance. Pour lui, le mystère de l'Incarnation ne se situe pas éminemment dans l'événement de Noël : il se manifeste le samedi saint, dans l'intervalle ténébreux où le corps martyrisé subit toute l'horreur du travail de la mort qui prépare la résurrection. Mourir, renoncer, brûler tous les livres, c'est désormais pour le poète la seule façon de participer* profondément à la mort du Christ et de s'avancer à la rencontre de la seconde naissance. Le poème, dans sa dernière strophe, chante la joie de mourir en vue de l'état réconcilié. Qui ne reconnaît, dans le corps livide du Christ mort, l'image amplifiée — l'élévation à la puissance du symbole — de la mort liminale que nous évoquions comme le péage de l'entrée dans l'œuvre ? Dans l'histoire de la Rédemption, le poète découvre le chiffre et le signe absolus qui éclairent sa passion personnelle ; il y retrouve en majesté sa propre torture et son espoir de vie éternelle. Le bourreau intérieur, dont Jouve parle à propos de sa poésie, contemple l'ouvrage de sa violence dans la plaie ouverte au flanc du Christ. Le spectacle du Dieu supplicié indique le point où l'acte du refus atteint sa limite extrême, avant de s'inverser et de révéler sa face d'amour. Les poèmes au Cerf, dans Sueur de sang, nous feront encore mieux comprendre qu'il s'agit ici d'une cruauté qui tue ce qu'elle aime, qui détruit par amour, qui fait couler le sang dont elle attend sa propre transfiguration : la voie de l'unité passe par la blessure et le déchirement. « Le Cerf, écrit Jouve, est un complexe de symboles : sexe, mort, aussi sacrifice et délivrance. »

La plaie au flanc du Christ, la balle frappant le Cerf sont des blessures secondes. Pour Jouve, l'existence naturelle est inséparable d'une première et fondamentale blessure : la chair est marquée par la « Faute ». L'incarnation ne sanctifie pas la vie charnelle. Que Dieu se soit incarné signifie qu'il a voulu se mêler à la chute de l'homme : il est descendu dans le trouble, dans la douleur, et dans l'ardeur du péché, — en sorte que l'homme pécheur peut espérer rencontrer Dieu dans son péché même. Faire mourir le dieu incarné, c'est à la fois porter la faute à son comble et provoquer l'issue libératrice. Selon cette conviction, d'aspect hétérodoxe, la blessure de l'existence charnelle ne peut s'abolir que par son aggravation même, par l'effet du « rien créateur » qui « nie le non dans la présence ». Avec son ambivalence (attrait mêlé d'horreur) à l'égard de la nature, avec son désir de s'élever à la pointe aiguë de l'amour, la poésie de Jouve établit son site spirituel au carrefour de la pensée janséniste et de la mystique unitive.

*

L'image de l'abîme intérieur, que tant de textes jansénistes ont développée, se trouve intégralement reprise et ravivée dans la préface de Sueur de sang. Elle ouvre la perspective d'une profondeur — fond de l'âme et fond du temps — où l'homme se décompose en un agrégat de forces aveugles. L'homme, en son tréfonds, ne s'appartient pas : il est en proie à des monstres étranges qui imposent leur loi propre. C'est le règne de la concupiscence (disaient les jansénistes); de la libido (dit Jouve, avec Freud).

La préface de Sueur de sang atteste l'intérêt du poète pour la découverte psychanalytique, mais elle n'est nullement un acte d'allégeance. Ce dont Jouve sait gré à Freud, c'est d'avoir désigné la source psychique commune au « transport » religieux et à l'invention poétique; c'est d'avoir ainsi rapproché, au niveau de leur origine, des tendances qui divergent dans leurs visées finales. Jouve trouvait chez Freud la confirmation de sa propre entreprise, formulée dans un autre langage. Il voyait s'établir des similitudes entre le

18

matériau primitif du travail poétique et l'univers intérieur décrit par la psychanalyse. Freud parlait à sa manière du « progrès de l'âme », mais sous l'aspect d'une énergétique matérielle, où les pulsions se transmuent en traversant des niveaux successifs d'organisation. Freud légitimait, par d'autres preuves, le jeu des substitutions et des condensations symboliques, où la poésie moderne a découvert le secret principal de son efficacité. Par-dessus tout, dans le grand mythe métapsychologique du combat d'Éros et de l'instinct de mort, Jouve pouvait reconnaître, explicitée dans le langage du savoir, son expérience de la « bataille intérieure », son intuition de l'emmêlement primitif et du corps à corps farouche (dont un exemple nous est apparu dans L'Arbre mortel). Jouve avait donc des raisons très évidentes de se sentir et de se vouloir le contemporain de Freud. Mais sa réflexion poétique, qui désire partir du plus profond de l'expérience naturelle, ne prétend pas s'en tenir à celle-ci. Freud a pu être pour Jouve l'indicateur d'une origine, non celui d'une destination finale. La part de la pensée freudienne que Jouve a pu reprendre à son compte est celle qui regarde l'histoire archaïque du désir ; mais Jouve l'a aussitôt intégrée dans un univers préalablement défini selon les valeurs poétiques et religieuses. Freud a profondément analysé le sentiment de culpabilité, mais il n'a jamais considéré l'existence naturelle comme marquée par la Faute ; il a décrit le mécanisme de la sublimation, mais il n'a jamais tenu pour « réel » l'élan vers l'amour divin. On le voit, Jouve a réinterprété les principales données freudiennes, et il n'a pu que se distancer d'une science qui s'était délibérément soumise au seul verdict de l'efficacité pratique. Ce que Jouve dit de Mozart

19

et de Berg vaut pour son option de poète : l'important, c'est le « caractère final » de l'art, sa « valeur eschatologique ». Si donc Freud fait office de guide et d'interprète dans le dédale souterrain, il laisse, d'une part, le poète libre en face de son propre matériau onirique, et, d'autre part, reste muet sur les fins dernières de la parole, que l'artiste devra inventer seul. Le « poète pieux » prend seul la décision d'élever le chant d'adieu à la nature séduisante et déchue, et c'est dans le recueillement solitaire qu'il dirige son espoir vers ce qu'il nomme « la hauteur ».

Ceci nous fait comprendre pourquoi il ne saurait être question, pour Jouve, de suivre les surréalistes quand ils donnent carte blanche à l'inconscient et abdiquent tout pouvoir en sa faveur. Jouve le répète encore une fois dans En miroir : « L'élaboration des symboles les plus secrets » doit aboutir « à l'ouvrage, à la mise en œuvre entièrement consciente », et sans laquelle il n'y aurait « plus du tout d'art ». La spiritualité dualiste de Jouve, qui tend à séparer Nature et Grâce, Enfer et Ciel, règne de la Mort et règne de Dieu, accepte de s'éprouver dans des formes intermédiaires, qui contiennent à la fois la vie et la mort, l'ombre et la lumière, et qui sont tout ensemble désir de la chair et désir de l'esprit. L'œuvre de poésie — exploration du sens dans le corps opaque du symbole — est l'expression même de la condition mixte du désir. Le poème est gorgé d'un matériau inconscient aussitôt ressaisi par l'effort conscient de l'art. Il comporte une face d'ombre et une face de lumière ; il est l'œuvre de l'éros obscur luttant pour venir à la transparence ; il est le témoin du travail accompli par une pensée qui se détourne progressivement des images cruelles qui la retenaient captive dans la région de l'origine. Dans En miroir, Jouve emploie fréquemment le mot travail pour parler de son œuvre : mot révélateur, qui ne désigne pas seulement l'acte « ouvrier » de la main du poète, mais encore, au sens où Freud le dit du rêve et de l'imagination, la transmutation qui s'effectue au centre même du sentiment.

Nous l'avons vu, un mouvement fréquent, chez Jouve, ramène la pensée (nostalgiquement, coupablement) dans la direction des « années profondes », vers les lieux cruels où l'âme est encore engagée dans l'épaisseur malheureuse et chaude de la vie naissante. Obstinément, une tentation hétérodoxe invite à chercher Dieu dans la profondeur même du péché ; de plus, le progrès poétique, par un chemin discontinu, exige un perpétuel recommencement de l'acte originel de la poésie. Dans Les Noces, la section intitulée Le Père de la Terre déployait les verdures immenses d'un paysage situé aux alentours du Déluge : elle offrait le spectacle troublant d'un monde coupable et puni, sur lequel planait la lointaine promesse. Sueur de sang renouvelle ce regard en arrière, mais cette fois dans la dimension de la vie personnelle et d'un conflit plus dur. « Avec Sueur de sang je voulus approcher le surgissement en ligne droite, et plus librement. » Aux arbres géants du commencement selon l'histoire sainte, succéderont ainsi les « images noires-chaudes » du commencement selon l'histoire de l'être singulier. Mais dans son violent caprice érotique, Sueur de sang ne rompt pas avec la musique des Noces : le second recueil était en germe dans le premier, il reprend, transpose et varie puissamment des thèmes « en attente », qui le préfiguraient. Qu'on relise notamment Enfers,

21

l'un des premiers poèmes des Noces : *l'on s'apercevra
que la trajectoire entière de* Sueur de sang — *de l'enfer
à la Rédemption — s'y trouve déjà présentée en rac-
courci.*

*

*Pour une description critique qui se voudrait com-
plète, il resterait encore à toucher l'essentiel, c'est-à-
dire la substance dont sont faits les poèmes de Jouve.
Il faudrait montrer comment, dans leur double caractère
de continuité musicale et d'irrégularité métrique, ils
accomplissent le mouvement vers l'unité, tout en évitant,
par ce qu'ils comportent de volontairement brisé, de se
substituer à l'absolu et de céder à l'orgueil d'une per-
fection formelle arrêtée. Les enjambements brusques,
les asyndètes, les ellipses, les suspens inscrivent dans
la forme même de cette poésie la marque du refus et
du « rien créateur », condition d'une ouverture à la
présence. Parfaitement composé, admirablement placé
sur la page, le poème jouvien ne se referme jamais
sur lui-même. Il sait jouer avec le silence et avec les
vides. Il sait manifester que l'objet de son désir reste
hors de lui. Il sait aussi s'enlacer étroitement autour
du symbole exploré: il connaît le secret musical des
reprises, des anaphores, des rappels distants. Il sait
varier son tempo: tels poèmes sont de lentes litanies,
d'autres sont des raptus fulgurants, d'autres des réci-
tatifs et des arias. Le sentiment y parcourt des voies
inattendues, des chemins capricieux: il s'accélère
parfois par de brusques courts-circuits. L'orchestra-
tion du poème connaît les ressources de l'aigu et du
grave, le mélange savant des timbres et des couleurs, —*

22

mais on y voit toujours prévaloir, jusque dans la violence, une sobriété et une retenue extrêmes. Les images du rêve, les obsessions du désir, les méprises de l'inconscient sont accueillies, mais sous la haute surveillance d'un goût supérieur, qui méprise délibérément toutes les coquetteries du « bon goût ». Si Jouve sait faire briller le cristal le plus rare, il croirait trahir la vocation spirituelle de la poésie en faisant du poème une joaillerie. Il y introduira plutôt la bouffée du chagrin, ou le choc produit par le surgissement de l'objet-symbole archaïque. De sa longue intimité avec Baudelaire, Jouve a retenu, entre autres, que des mots réputés vulgaires peuvent faire contrepoint dans la marche des voix du poème, et changer de nature par la fonction nouvelle qui leur est dévolue.

Un paysage s'élève, évoqué d'une touche magicienne, qui lie toute chose visible à un événement de l'âme : villes funèbres et perverses, contrées mémoriales, hauts plateaux purifiés, collines italiennes, proches des Alpes, où l'ascèse des campaniles domine la sensualité des vallonnements verdoyants. Ce sont les manifestations matérielles du sentiment. Non point un décor, mais le réceptacle sensible du péché, de l'angoisse, de l'espoir, de l'élan libérateur... Je ne connais pas de poésie de la montagne comparable à celle de Jouve : c'est sa propre puissance ascensionnelle qui la prédestine à rencontrer le paysage de l'altitude. Le paysage n'est pas décrit, mais vécu, alors même que certains poèmes de Jouve sont d'un peintre pleinement conscient du jeu des valeurs. Les espaces nous semblent tous intensément habités, parce qu'il n'est rien en eux qui ne soit « investi » par l'émotion (et le plus souvent par un groupe complexe d'émotions). Ils s'offriront donc

23

à toutes les projections de la fantaisie, à tous les caprices du rêve : des corps féminins se mêlent aux architectures ou aux masses naturelles. La scène est intérieure, mais elle est d'espace illimité. L'on voit se déployer en perspective tout un théâtre imaginaire de l'amour : théâtre cruel, où la scène érotique est rarement dépourvue de composantes agressives, et où tous les états de la vie du désir — depuis les figures « partielles » du sexe jusqu'à l'échappée vers l'objet total et transcendant — sont explorés et traversés.

L'élaboration du paysage spirituel obéit à la loi qui gouverne toute la poésie de Jouve. Qu'on lise le poème A la fin... qui conclut Sueur de sang. De même que le poème est un être de langage où s'inscrit allusivement l'élan qui tend à dépasser tout langage, le site contemplé est un lieu terrestre enlevé aux limites de la réalité terrestre. Le signe stérile et pur du glacier, découpé au bord du ciel, marque tout ensemble un état de matière purifiée et le point où la matière s'interrompt. Le travail de la cassure et du refus habile le paysage ; « les ombres percent le sol » ; l'énergie du non, que manifestaient les déserts des Noces, ou les eaux du Déluge, reste à l'œuvre dans la brûlure de l'état supérieur. Le « rien créateur » produit la transparence, mais à partir du roc et de l'ombre : pour dire la disparition de la terre, il faut encore nommer la terre, la maintenir présente dans sa pauvreté essentielle. La lumière, l'espace ouvert surplombent glorieusement la scène. Mais ce n'est pas l'éclat inhumain du vide qui triomphe ici. Entre la terre décharnée et le jour éternel, la « force propulsive » du désir crée le lien sans lequel l'unité manquerait. Le transport vers la hauteur et l'aurore rencontre la présence souveraine d'une personne féminine, « maîtresse transparente des hauteurs ». La lumière, aperçue au-delà de l'horizon des corps, recompose un corps divin. A ce point ultime de l'aventure spirituelle, le protagoniste est toujours « la pauvre, la belle puissance érotique humaine », avec son tremblement et sa folie. Ainsi, cherchant son objet, se prenant à la fascination du corps et s'en déprenant, ayant parcouru, depuis l'emmêlement sanglant de l'origine, tout le règne de la créature, l'amour rencontre « à la fin » le sourire lointain d'un être de lumière.

Lire Jouve, c'est donc vivre la longue traversée du désir, dans la succession infiniment variée des assouvissements amers, des punitions, des combats, des épreuves, à travers lesquels la puissance aimante se reconnaît, se dépasse, se transmue. Jouve s'oriente avec une inflexible fidélité vers une fin dernière que le verbe poétique a mission de révéler, qu'il sait trop élevée pour prétendre la toucher directement, mais vers laquelle il fixe son regard et oblige notre œil à se diriger.

Jean Starobinski.

Les Noces

(1925-1931)

NOCES

Ah! la distance est grande entre l'ami secret et l'enfant mystérieux. Le premier fait des ascensions vives, amoureuses et mesurées. Mais le second s'en va mourir plus haut, dans la simplicité qui ne se connaît pas.

Ruysbroeck l'Admirable.

SONGE

L'esprit du poète est par hasard tombé sur le vieux texte de l'Ecclésiaste : *Tout y est vanité et poursuite du vent.*

Songe un peu au soleil de ta jeunesse
Celui qui brillait quand tu avais dix ans
Étonnement te souviens-tu du soleil de ta jeunesse
Si tu fixes bien tes yeux
Si tu les rétrécis
Tu peux encor l'apercevoir
Il était rose
Il occupait la moitié du ciel
Tu pouvais toi le regarder en face
Étonnement mais quoi c'était si naturel
Il avait une couleur
Il avait une danse il avait un désir
Il avait une chaleur
Une facilité extraordinaire
Il t'aimait
Tout cela que parfois au milieu de ton âge et courant
    dans le train le long des forêts au matin
Tu as cru imaginer
En toi-même
C'est dans le cœur que sont rangés les vieux soleils
Car là il n'a pas bougé voilà ce soleil
Mais oui il est là

J'ai vécu j'ai régné
J'ai éclairé par un si grand soleil
Hélas il est mort
Hélas il n'a jamais
Été
Oh ce soleil dis-tu
Et pourtant ta jeunesse était malheureuse

Il n'y a pas besoin d'être roi de Jérusalem
Chaque vie s'interroge
              Chaque vie se demande
                            Et chaque vie attend
Chaque homme refait le voyage tout est limité
     comment voir davantage
Et nous nous avons inventé les machines
Elles sont arrivées brisant tout perçant le vieux sol
     peuplant le vieil air
Ondes rayons axes brillants
Et voilà mon pouvoir est devenu terrible
Mon inquiétude aussi
Mon instabilité
Je ne tiens plus en place
Je cherche je deviens
Je n'ai plus mon vrai âge je m'amuse avec tout
Mais mon Dieu la guerre antique est revenue elle était
     à peine changée
Le sang humain n'a qu'une manière de couler
La mort n'a qu'un pas toujours le même pour venir
     sur moi
Son masque a-t-il varié c'est la cire
L'espace est raccourci mon âme est-elle plus neuve

Je ne dis pas meilleure
Je n'oserais pas

Nous sommes loin de la macération de la résignation
    mais
Le plus coupable c'est toujours notre plaisir
Car le malheur aurait-il besoin d'être justifié le
    malheur c'est la terre où pousse notre ville
Joie pureté
N'approchez pas
C'est à propos de notre joie
Que notre vanité apparaît pitoyable
Nous sommes si pressés
Notre scrupule est si vieux
Oui c'est avec notre joie que nous tremblons
Enfant dégénérée
Cependant l'esprit suspendu sur l'universel chagrin
A dit vous avez des sens faites-leur rendre votre
    jouissance
Et cela est amer
Plus amer
Et cela s'accélère en quelque sorte dans l'amertume
Pour nous

Juge éternel
Quelle puissance a la bêtise les étoiles luisent
    pour elle
La lumière lui va si bien les grands trains l'emportent
    partout

Toutes les villes sont ses rassemblements sont ses
    plaisirs
Et le dimanche on aperçoit ses joies de famille
Quelle gloire après la guerre
Pour le désordre et la légèreté
Tout le monde vit bien mieux
Quelle grandeur pour le boxeur
Le poète
Habite toujours au cinquième étage il souffre d'une
    vieille faim
Il contemple sa mort future il cherche à être éternel
Mais non ne croyez pas qu'il aime la mort comme
    autrefois
Il interroge
Il essaie à tâtons
Il soupire il délire
Et la vie pense-t-il serait vraiment merveilleuse si

La plus grande affaire est de mourir et nous n'en
    connaissons pas une lettre
Ceux qui ont passé ne repassent plus
Mais je l'avoue je n'ai pas d'inquiétude
Je ne crois plus en eux
Sans comprendre je les annihile ils sont morts
O silence
Complicité
Peut-être n'est-ce pas une affaire du tout peut-être
    la mort ne nous est-elle rien
Ou au contraire
Tout est-il pour cette seule mort pour ce grand porche
    pour ce port heureux

Où entre le navire
Mais non car je ne crois pas au bonheur et je ne crois
pas à la mort
Au fond de moi je vous avoue que je suis sûr d'être
immortel
Vanité essentielle

Jeune j'aimais le temps
Je ne supportais pas d'être le plus jeune
J'aimais la graminée quand elle a ses graines les
arbres quand ils s'étendent comme la musique
Jeune j'aimais les vieux
A présent je penche avec mon ombre sur l'autre
versant celui qui descend
Je ne sais plus j'ai goûté plusieurs temps
Peut-être avec la vieillesse viendra le calme

Combien l'homme a de mépris pour cette bouche
qu'il adore
Mais il a trouvé là l'extase il poursuit toujours son
extase
Vitalité
Il demande toujours l'odeur et la saveur et la couleur
du corps des femmes
Leur élasticité
Leur mensonge
Ce qui dans leur chair nacrée chastement sourit de la
mort
Et puis après

Vient sa tristesse
Qu'il reconnaît

Combien nous avons cherché — miracles nous sommes
    des miracles
Rien
Ce monde était droit infini le voici courbe glissant
    l'un dans l'autre
La vision de l'homme a grandi mais il y a de moins en
    moins de choses derrière
La pensée est mince faible inutile une traînée
    brumeuse comme la Voie Lactée
Tandis que le monde est matériel est étendu est
    effrayant est véritable comme la paroi de l'enfer
La pensée sourit parce que peut-être elle va mourir

Ces étoiles contraires
Celui qui alluma le feu et celle éclairée par le feu
Le donateur et la demanderesse l'action et le mystère
Celui qui lance et celle qui incube sont présents
    toujours et à toute heure
L'Envoyé et la Chassée circulent dans l'ovoïde
    espace bleu
Ensuite réunis
Ils forment une longue chanson avec des hauts et des
    bas
Toujours des chutes toujours des printemps
Ils repartent comme ils arrivent

Toujours la courbe en forme de vague les hauts et
    les bas
Voilà c'est tout
Et l'ourlet de la mer la poussée du feuillage la terrestre
    fanfare des montagnes
N'ayez pas peur de votre tristesse c'est la mienne
C'est la nôtre c'est la sienne
O grandeur
N'ayez pas peur voici la paix la vie la vie est
    admirable
La vie est vaine
La vie est admirable la vie est admirable elle est
    vaine

(1924)

ENFANTS MYSTÉRIEUX

Toi qui connais bien l'acte de pleurer
Engagé dans les confusions de la mentale douleur
« Vers le milieu du chemin de ta vie qui t'es trouvé
    dans la forêt obscure »
Mon fils pourtant heureux
Je t'apporte la paix
La paix que ton âme insondée contient profondeur
  de la mer
Les calmes
Que nulle obsession de mort n'a troublés ni même
    effleurés
Et les joies qui s'en vont vers les fins de toi-même
Là où ta louange est chantée
Et s'élèvent en paysages de vie et de chaleur
Avec moi ton Dieu qui parle à l'intérieur de chaque
    être
Je suis ta Parole Sainte ton Bonheur.

MOZART

A Toi quand j'écoutais ton arc-en-ciel d'été :
Le bonheur y commence à mi-hauteur des airs
Les glaives du chagrin
Sont recouverts par mille effusions de nuages et
    d'oiseaux,

Une ancolie dans la prairie pour plaire au jour
A été oubliée par la faux,
Nostalgie délivrée tendresse si amère
Connaissez-vous Salzburg à six heures l'été
Frissonnement plaisir le soleil est couché est bu par
    un nuage.

Frissonnement — à Salzburg en été
O divine gaîté tu vas mourir captive ô jeunesse
    inventée
Mais un seul jour encore entoure ces vraies collines,
Il a plu, fin d'orage. O divine gaîté
Apaise ces gens aux yeux fermés dans toutes les
    salles de concerts du monde.

Tu es ma douleur mon effroi mon amour
O imagination
Tu es mon bourreau ô livre où j'ai traduit
La montagne la rivière et l'oiseau
Tu es ma misère ô confession.
Ainsi parlait le poète déchu
Et il déchirait son livre imprimé au milieu des villes
    humaines.
Mais son autre voix tout emplie d'un murmure de
    saules
Répondait
O livre malgracieux ô poème manqué,
Erreur erreur toujours de celui qui n'a pas encor fait,

Oh tu es mon dernier lieu ma forteresse
Contre l'armée des infidèles
Ailleurs n'est plus que ruine et toi tu es l'endroit
    sacré,
Le démon aurait-il vraiment manqué tout ce qu'il
    voulait?

Et que veut le démon —
               Un livre
Répondait sa voix éclairée par un ancien cyprès
    solaire,
Le tien le mien ou l'autre,

Écris sous la dictée.
Et tous les oiseaux chantèrent plusieurs fois sur le
    ciel.

Et le poète était encore une fois illuminé
Il ramassait les morceaux du livre, il redevenait
    aveugle et invisible,
Il perdait sa famille, il écrivait le mot du premier
    mot du livre.

NOBLE HAUTAINE MÉLANCOLIE, hauteur sourire et
    liberté
Vous ai-je enfin trouvés sur le rivage de mon cœur
Un soir où la mer pénètre
Dans les pays de montagne
Un soir où l'on est plus jeune que sa jeunesse,
Un soir où l'on a beaucoup souffert mais où plus rien
Plus rien n'est vain, plus rien n'est pour la cendre.

L'HOMME PRIAIT et la terre tournait
Mais ne parlait-il pas au vent, mais ne parlait-il pas
    au mur

Ou à la neige du dernier hiver —
Ne t'en va pas : c'est ainsi qu'il priait
Mais il n'était pas sûr que rien fût là derrière
Pour écouter —
Un Ange pourtant repliait ses ailes
Car l'heure n'était pas venue encore.

L'ARBRE MORTEL

Un homme était parvenu sous un arbre
Dont la fraîcheur profonde appelait le pays désert
Tandis qu'un Ange à tire-d'aile s'envolait.
L'homme sauvé du soleil
Écoutait murmurer les immenses familles de choses
    vertes
Et noires tellement serrées, qui répandaient de vastes
    odeurs de mémoire;
Mais comme il s'appuyait au tronc l'arbre se ferma.

A présent tout ce qui liait la feuille à l'autre feuille
Était gémissement, agitation
Les racines se convulsaient dans le Désir
L'arbre tuait le voyageur!
Le voyageur mit alors ses deux mains sur sa poitrine
Et la lutte recommença et l'Ange revint
Le combat obscur incertain s'est déroulé dans la
    confusion.

Un homme était emprisonné
Il étouffait sous la méchanceté des murs
Voulait-il les effacer voulait-il les oublier
Les murs faisaient monter sur lui le cafard des choses
Les murs lui apportaient les monstres variés de son
     passé
Voulait-il les apprivoiser ils grimaçaient comme des
     bêtes
Et se rapprochaient
Et lui parlaient
Bientôt il n'aurait plus que l'espace de son corps
Suaire de pierre
Ensuite ils feraient éclater son corps et puis le cœur
     de son corps —

Un Ange survint, écarta les murailles
On revit le soleil le monde illimité.

ENFERS

C'est le silo sanglant, la jeune Aurore
Ils se cherchent l'un l'autre et tous pour jouir et
    s'identifier
Les Fils réunis tuent le Père et voilà la Fraternité.
Vénus sort de la mer
Ruisselante dure et parée seulement de ses
    chevelures
La fornication obsède le ciel bleu.
Et Christ est né du cœur
De ces cœurs noirs il fait un cortège d'Époux;
Le Christ est tué nous luttons à jamais.

RETOUR DE CIEL

J'assure qu'ils disparaîtront : on verra la fleur de
    lotus
Pousser du cœur de chacun d'eux ou l'œillet la rose
    de France,
Les glissements la paix énorme des étoiles
Passeront, puis il fera jour
Comme une vierge armée ce sera la lumière
Le retour!

51

Et cette fois-ci nous sommes nés
Pour être aussi gais que Titania.

JAUNE

Les collines ont d'affreuses douceurs
Le passant y mesure ses anciens péchés.
Qui peut apprécier leur végétation
Et résister au mouvement lascif de ces hanches?
Une incertitude avec le soir descend
Des eucalyptus chantent dans le cœur des propriétés,
Le soleil est toujours le même à son couchant
Et le passant fourbu doit regarder
Il est né pour toujours regarder le couchant.

LA VIRGINITÉ REVENUE

Son sein s'était développé ces derniers temps
Son corps fut nouveau ò mes yeux, son âme partit
        comme une folle sur les nuages
Son torse avec ses lourdeurs n'est-il pas voué

A l'amour de l'homme et de la femme
Ses désirs n'ont-ils pas remonté de ses enfances
Voie Lactée n'est-elle pas couchée sur la nuit sans
    vent?
J'ai reconnu qu'elle était sûre, sa nudité était entière
Et que son âme était l'égale de ses mains et que l'eau
    ruisselait sur elle pour la laver,
Et que les odeurs montaient et que la lumière se
    taisait.
Une voix m'assura qu'elle était entièrement vierge
Enfin de sa douceur elle était enchantée.

MON SEIGNEUR
Si tu veux bien ne pas écouter ma voix qui a passé
    sur les déserts
Si tu veux bien sourire et non plus avoir pitié
De ces ramures d'hiver toujours mal agitées par les
    vents aigres,
De ce pécheur,
Alors j'abandonnerai peut-être par amour
Le bagage des pleurs et des grincements de dents,
Ce sera le rayon de lumière!

L'ÉNERGIE

Il faut souffrir
Pour toi Gracieuse Personne de mon Dieu
Tu as sué le sang dans le jardin des oliviers
    nocturnes;
Il faut s'alléger par la souffrance en toi
Renoncer au monde
Comme tu renonças
En l'offrant délivré par un acte de souffrance
Et alors
Ainsi que le déclare le vieux Poète
L'Énergie est la seule vie
L'Énergie est l'éternel délice.

CHANT DE RECONNAISSANCE

Chant de reconnaissance au vaste Monde
A ses soleils et ses eaux, ses aspérités, ses abysses
Et au cœur intérieur encor plus nombreux en abîmes
Avec ses agonies et avec son extase
Ses terribles retournements, sa force éternelle!
« O douleur! ô douleur! Le Temps mange la vie » —

Le chant de reconnaissance est aussi le chant
    d'expérience
Pour tout ce qui doit éprouver passion mouvement
    sous le ciel
Se suivre s'engendrer par la force contraire,
Et pas un jour à détruire, les neiges d'antan ne
    fondent plus,
Pas une âme trop pauvre n'ayant rien entendu
De ce que la vie a voulu dire et pas une ombre
Qui ne soit expliquée par un soleil.
Ainsi le poète sans auditoire fait retentir
Le chant d'alouette première
Puisque Dieu n'a pas voulu que le matin fût sans
    amour.

(Variante)

Chant de reconnaissance au vaste Monde
A ses soleils et à ses eaux, à ses volcans et ses
    abysses
Et au cœur il a son abîme encor plus ardent
Ses fureurs de Pythie ses retournements forts!
« O douleur! ô douleur! Le Temps mange la vie »
Oui le chant de reconnaissance est vieillesse, chant
    d'expérience
Pour tout ce qui doit éprouver patiemment le rayon
    du ciel

Se suivre s'engendrer par la force contraire,
Aucun jour passé n'est perdu car les neiges d'antan
    ne fondent pas
Rien n'est si sourd qu'il n'ait compris ce que la vie
    a voulu dire,
Toute ombre ayant toujours derrière soi le jour.

CYNTHIA

Éclatante au-dessus des mâchoires de maisons
Elle est l'œil brûlant d'où s'enfuit le jour quand il
    trahit la ville
Abandonnant les arbres noirs aux dieux infernaux;
Aire froide elle va inonder le jardin
Et l'odeur de tilleul s'élance
Et le chant de l'herbe écrasée et le souffle de
    l'obscurité :
Cynthia rôde au milieu des grandes coupes vides
Et tarit les étoiles
Quand tout à coup venues des éternités sont apparues
Dix mille légions d'anges
Blancs tout immaculés
Inclinés immobiles, tous ont la même aile vue de
    profil
Nuages nuées envoyés à Cynthia la grande Vierge
Que veulent-ils ici-bas que veulent-ils éterniser?

LA TERRE AVEC SON ŒIL GRIS regarde passer le ciel
L'étrange messager qui marchant sur les heures tire
    les yeux vivants
Et les retourne à l'intérieur des âmes
Celui qui met aussi sur le sein respirant
Du monde le réseau des éclats et des souffles
Fait retentir la magie
Et se retire avec le jour, puis enfin
Dans la majesté du temps devenu noir
Profondément s'en va vers les profondeurs inspirées
Vers le haut le très haut et sublime petit point
    solitaire
Et là ouvre sans bruit l'abîme de la douceur
Avec l'étoile passionnée qui toujours se tait et
    regarde
Vers un plus lointain
Un plus inconnu
Où pourrait paraître le Seigneur des Cieux.

QUI T'A PERMIS de douter du Seigneur
Il est venu.
Non il n'est pas venu c'est vrai il va venir
Mon Étrange Regard du Seigneur
Mon Fils mon Époux du Seigneur
Sur les grands violents déserts que j'essaie pour lui :
Encore un jour et mes ennemis sont en fuite.

QUITTE CE CORPS SOLITAIRE
Esprit de création gaie
Je suis lourd comme le pas du vieillard fréquentant
    les tombes
Mais mon front sourit et salue
Esprit sans cœur, esprit charmant!
Laisse la terre dans le désir qui veut dénouer ta
    ceinture
Impureté! Va vers les stations claires.
Déjà tu trembles cher Esprit
Tu as terriblement peur
Est-ce un Époux que tu cherches?

DES DÉSERTS

Déserts déserts soyez ouverts
Beaux pays soyez effacés!
Franchis franchis à pas muets
Le globe matinal de l'âme.

La cellule de moi-même emplie d'étonnement
La muraille peinte à la chaux de mon secret
J'ouvre la porte avec ma main vide
Un peu de sang blessé dans la paume

Vers toi s'envolent, Dieu, les couteaux de l'injure
Tu es si beau tu es si calme tu es si nu.

Avançons du côté de l'injure,
                              les fleurs d'avanie
Seules perceront le ciel de carton des douleurs
    humaines.

CES FEMMES SOYEUSES des théâtres d'argent
Non, spirales de péché, mannequins d'acier
Mon Dieu, posent sur moi des yeux charnels :
Quand elles ont brisé leur étoffe de verre
Elles mangent les cœurs.

LA GUERRE LE VIN le tabac les femmes
Le plaisir les hommes la guerre l'argent
Les femmes le plaisir les hommes les perles
Les affaires l'or le vin
                          le soleil discordant.

C'EST VRAI JE N'AI JAMAIS jamais jamais prié
Dit la femme grande et douce de taille,
Mais donne-lui mon sein mon ventre et ma jeunesse
Il sera satisfait.

TRAVERSE D'UN CRI MON CERVEAU, hirondelle aux
     quatre douleurs
C'est aujourd'hui le plus ancien printemps
Dans le ciel gris la croix grise du couvent
Et la tempête a métamorphosé les verdures.

BRULE CES CŒURS ce sont des silex
Ces âmes des poutrelles d'acier, des billets de banque
Ces personnages ne sont pas vrais, brûle leurs poupées
Je suis si bas vois-tu que le ciel en est outragé.

MA NATURE EST LE FEU
                              est-ce vrai est-ce bien vrai
La chose est consumée
Tes yeux à l'intérieur sont retournés
Une seconde vue vers le ciel les habite.

Loué sois-tu printemps déjà lourd et parfait
Je t'imagine revenu terrible été,
Je vois le ruisseau blanc baigner les grandes villes
La croix divine est au-dessus des avenues
Et loué sois-tu printemps déjà défiguré.

Je suis le Feu.
                    Tu es le Feu?
                              L'Ardeur
Oui ma nature est feu et je te reconnais.
A l'aube tu me fais me lever de mes songes brisés
Détruis, détruis!
                    Et moi je suis les étincelles.

Chère image brulée
Adieu adieu tu ne me verras plus jamais.

LA COULEUR DU MONDE est chose miraculeuse
Il s'éveille désert
Une branche feuillue balance dans la vapeur
Un jour on voit des montagnes aromatiques
Un autre jour c'est la plaine avec des vaisseaux.

LA BROUETTE
Arrêtée sous le grand orme de vie de soleil et de
        nuage
C'est le plus beau chant possible
En l'honneur de Dieu essentiel

Par un matin où l'on distingue à peine les ombres
Tant il fait clair, et les arbres géants
Suspendus à la mamelle du ciel mauve
Et la brouette
                avec l'esprit naïf du bois naturel
Éclairée par le dessous et le dedans.

Des cuisses, des cheveux, cette femme est
        plongeuse
Plus lente que nature
Elle est enfouie comme une rose sous les verdeurs de
        la mer.

Elle fait pour moi un sourire extasié
Elle m'adresse des baisers faux et anormaux
Elle nage entre mes animaux les poissons miroirs
Elle a des mouvements aériens des jambes.

Elle suce, elle embrasse, elle épuise et remue.
Quand je suis entièrement brisé elle s'envole
Torrent de bulles bleues
Elle crache mes plus précieux souvenirs.

Non moi-même je ne comprends plus ma poésie
Ni Dieu, je ne sais plus ne comprends plus et ne vois
        plus
Et je m'appuie sur Lui il est blême et magique
Un jour je me tuerai pour le trouver plus vite.

LOUÉ SOIS-TU
C'est la douceur.
Les fleurs ont grandi, elles ont sept couleurs
Trois soleils au ciel les chauffent nuit et jour
Le haut du monde est bleu jusqu'à l'obscurité,
Voici les archanges

                  éventant les toits et les cheminées.

JE N'AI RIEN RENONCÉ, je répandrai mon sang
Jésus s'avance sur la dalle en pente de l'éternité
Et par chaque goutte de rosée il inscrit son nom
Jésus qui est le soleil des poètes.

O MÈRE PATHÉTIQUE il faut toujours enfouir
De vénéneux secrets pouvant faire mourir,
O mère blanche on doit te surmonter,
Et la Terre fait signe et n'est pas écoutée.

67

Voir un univers dans un grain de sable
Et dans une fleur sauvage le Ciel
Et dans la paume de votre main la Sacrée Infinité
Et dans une heure l'éternité.

HUMILIS

LE CIEL EST TRANSLUCIDE
Les cœurs sont hauts
Les monts ont des sources, les âmes des douleurs
L'heure est absente
Les lumières sont des passages transparents

Son ciel n'est pas lucide
Son cœur n'est pas
Pour lui les montagnes n'ont point de sources
Son heure s'écoule
Éternellement sans lumière et sans absence de
    lumière.

JE T'AIME
         il n'y a rien que j'aime
                              aucun plaisir
Il y a le Non que j'aime et dans la douceur ou
     profondeur
Mais le Non n'est-ce pas le Tout (fais une aurore
Sur ces mots aussi aveugles que des mains)
Car Tout étant et en dehors de Tout n'étant plus rien
Le Rien d'abord est à poursuivre.
                              O j'aime.

J'ÉTAIS EMPÊCHÉ PAR CES BRUITS et ces yeux
Ces mouvements des faces m'offensaient
J'étais puéril
J'ai fui, ce fut en vain
Terrible Époux on ne déplace pas ton magnétisme
On ne t'échappe pas, on ne te nomme pas.

JE PLEURE, JE NE PEUX PAS PARLER, j'ai peur de
     mentir
O tue-moi pour la méprisable cécité
Ce bruit de vie occupant la poitrine
Seigneur il faut mourir d'abord pour T'imaginer.

Mon amour est-il une infime lueur perdue de Ton
    Amour
Essence Noire, le monde a disparu
Tu sembles dormir satisfaction confuse
Et je suis arrivé, suis-je obéissant

« Avec humilité » disait le poète dément.

Ayant renoncé aux yeux, nuit plus qu'obscure,
Aux mains ces vaines employées du monde
                                au cœur ce sang,
Et à la bouche coupure saignante de la beauté
Et aux mots qui n'ont plus la magie ni l'éternité.

L'arbre se sauve en laissant tomber ses feuilles.

Seul, nu, en cœur, en vue...

APPARENCE

La fraîcheur descend des montagnes
Le jour se retire tous ses rayons usés
Des cloches sont des bouquets de seconde lumière
Oh qu'il en soit ainsi après ma mort
Les lèvres se souviennent qu'il y a Dieu
Tandis qu'on est dans ce couloir étrange
Mais déjà ma mort me touche, et fait chanceler
Ce soir cru avec la lune qui se lève.

LIMITES

A la limite naturelle des montagnes
La terre est parfaitement bleue vue de très loin
Si l'on approche elle n'est pas seulement verte et
      jaune
Mais pleine d'un appel étrange comme si
Toutes les couleurs franchies venait la couleur pre-
      mière.

On écoute au milieu des prairies fantaisistes
De l'eau, on voit circuler des oiseaux,

Près du jeune cimetière une ombre est favorable :
Ah fais que je ne meure point, Seigneur, sous ce
    bandeau !

FEMME A L'ÉGLISE

Portant sa misère à la main elle s'avance
Il fait extraordinairement beau. Une lumière
D'ascension entre Santa Marta et la vieille tour;
Elle s'assied prenant pitié du chemin
Troublée parce qu'elle mourra dans cette lumière.

Santa Marta prends-nous sur tes rochers
Dans tes forêts de châtaigniers pieux
Sous tes flancs roses par-dessus tes sources,
Et ta tête romaine avec le ciel bleu
Tes lumières de personnages martyrisés;
Ta façade est la pensée d'un enfant parfait;
Ta tour petite a trois cloches muettes
C'est la plus chaste qui se voie sur les longs espaces.

CORVIGLIA

Là-bas il est humble
Il n'a plus soif d'être aimé ni compris
Là-bas « qu'y a-t-il entre toi et moi? »
Là-bas il est pauvre
Ses habits sont plus vieux que son cœur
Son visage est plus doux que sa main,
Là-bas il est seul
On a passé furtivement sur la neige éblouissante
On est venu, on est reparti, il est là.

CETTE VILLE...

Cette ville dont on se souvient forme un tableau noir
La voyez-vous fumer où la terre est plate?
Ah craignez de quitter les fleurs de ces montagnes
Partout ailleurs on nous enferme pour mourir.

JARDIN DES AMES
AU PRINTEMPS

LE CIEL DANS LA TERRE

Resplendissant doux jardin de couvent
Il n'y a rien de plus reluisant que ta folle plante
Rien de plus amoureux que le jour à ton sein
Rien de plus chaste que ta sueur claire
De silence de méditations et d'oiseaux verts.

ON VOIT

Les pommiers sont en fleur
La chair et le matin
Et font de l'allée un chemin de Marie
Mais personne; l'air pur
La terre est préparée mais aucune ne vient.

JALOUSIE

Vos vieux paniers au printemps
Vos jeunes bas blancs dans l'herbe
Vos voiles rabattus, vos dents
Vos renoncements sont secrets
Sans âge, enviées par le Maître.

LE SEXE DE L'ÉPOUSE

La grande fille de religion
Va dans la chaleur conservée
De la terre, du reflet, du mur
Afin de ne vivre qu'à Dieu elle divise la lumière
Et surnaturelle élégance
Le corps lui est supprimé.

LE JARDINAGE

Par l'amour et non par la crainte,
Aussi travaillons-nous par deux
Sur les sentiers à peine vifs,
Et nous séparons la lumière
Notre ombre fait suite à nos mains
Ce sont nos dernières mains.

AU MONDE

Votre chaleur n'est plus pour nous
(Beaucoup de souffrances cachées)
Votre printemps est la pénombre
Votre espace une sépulture,
A moins que la grâce au travers
Ne nous retire du froid
Nous sommes en deuil pour vos cœurs purs.

L'AMOUR

Portant les cloches de verre
Pour la plante, elles n'ont jamais vu le sommeil
La liberté ni le désir
Ni le nuage ne les aiment,
Une caresse de leur corps
Est pour toujours enfoncée dans les limbes.

BLESSURE

Elles ne blessent pas leur corps
Mais le chemin des sens est sous le bois vert;
Dieu fit un martyre d'amour
Par lequel passeraient ces filles
Mort journalière
Vie toute morte
On ne les voit pas saigner sur ce chemin.

ET LA NUIT

Lumière, dore encor les faîtes
Feuilles, crevez le sombre bois
Du soir, et passe œil humide,
Elles songent au bois sans feuilles
Méditent trois larmes de sang
Qui ne sont sur le ciel ni dans le vase d'or.

PLANTATION

Les trois arbres sont pareillement renversés en terre
Et le monde est très chaud
O gloire où va le soir avant la nuit?
Les tabliers s'enfuient sur les allées moins claires
La cloche les prend par deux et trois
L'herbe reste et rentre et pousse avec misère.
Et les trois arbres se réveillent pleins d'oiseaux
Ils baignent par la tête
Dans la foi, la certitude et les brouillards,
Les robes reparaissent sur la terre.

GUERRE

Les arbres ayant poussé la tête en bas
Se sont nourris de ciel
Mais la maison fut bâtie sur la privation
Un large vent murmure :
En bas du quartier d'émeraude et d'acier sale
Ces glissements sont des anges
Les crimes se retirant sur le dos des murs.

AUTRE GUERRE

L'exquise charité secoue sa chevelure
Des rayons la rejoignent
Elle ajoute un sourire :
C'est l'espace qui du haut en bas se fend dans la
        veinure
De l'éclair! et le fracas du premier pas du juge.

VALLÉE DE LARMES

Trois lys jaunes
Sont sortis de terre entre plusieurs fonds noirs
D'averse abominable,
Image
De la satisfaction qu'éprouve Dieu.
D'autres iris bleus vinrent un autre jour
Et les chemins pareils aux serpents secs
Les entourent, les empêchent de s'enfuir
Car le matin n'est ni froid ni chaud ni clair ni ombre
Il est utile,
Et ce monde est bien l'endroit de la tentation.

L'ENGENDREMENT

Le grand mai, la douceur
Et la bonté des pierres,
Des pas justifiés s'avancent sur l'azur
Célèbre est le matin
Le passage splendide
Avec la larme des bois
Et les spirales des avoines lâchées vont à l'aventure.

FEUILLE

O feuille ô verte feuille et belle et main religieuse
La palme de chlorophylle est balancée,
Les cris de becs d'oiseaux et le linge de corde
Les doigts pures intentions fixés au rosier
Et les lèvres sans aucun sang qui se réchauffent.

LES MANES

Dimanche est presque vert
On voit l'asile en fer du jardinage.
Des prairies au début la rage est trop violente,
Pendant la mort des filles, un groupe d'invisibles
Se présente à la terre
Et fait l'amour sans déranger même les oiseaux.

Plus loin passent les cœurs blessés, mânes
Défavorables
Attendris et plaintifs
Ils se meuvent, ils vont, jamais il n'ont de honte.

L'ESPRIT JEUNE

Les arbres quand on les mesure sont bleus de joie
La terre quand on la suit est passionnément rousse
Le ciel quand on le dévisage est rose ou même lilas;
Les graminées plongeant comme la mer
La force appuie sur nous
Les esprits du côté du vent font leur prière
Les cheminées fument dans l'adoration;
La musique de la contemplation saisit les oiseaux
Parce que l'âme est étendue plus haut que l'espace
Et plus haut que les conceptions et que l'Amour.

GLORIEUX AGE

L'oiseau translucide au-dessus du temple
Annonce et s'évase, oh son cri profond :
Quiconque aime m'écoute !
Et la calme lourdeur de sous la mer des arbres
Est agitée par la descente d'un nuage
Clair et sec absolument comme le ciel.

CE LIEU A DES PAROIS clôturées par les anges
Mais sans vue garde ses rires toujours verts.
Tout est beau car ce jardin a la mémoire
Du supplice d'un Dieu et sur Lui des cheveux
Et la rose dans un verre bleu entouré de larmes
Ne meurt pas vivement sous les ombres de pierre.

GLORIEUX AGE

Fuyons vers la patrie!
Vie parfaitement nue du matin jusqu'au soir
Et des formes que nous voyons à l'absence
Et de la tiédeur de la bouche au froid de la terre!
D'où nous sommes venus jusqu'à ces lueurs,
La chère patrie qui possède le père.

LA SYMPHONIE A DIEU

INCARNATION

LA MÉLANCOLIE D'UNE BELLE JOURNÉE

Les arbres sont immenses dans l'été pluvieux
On ne reconnaît pas le ciel tant il y a de clairs de
     lune
En argent avec de rayonnantes rousseurs sous les
     nuées,
Pas de soleil. Ou si l'on regarde à l'envers
On voit une seule journée implacablement belle et
     chaude
Un implacable déroulement de belle journée
Et les terres frappées en hurlant font de l'ombre
Et les oiseaux s'enfuient leurs ailes rabattues
Et l'espace avec des mains d'azur se presse lui-même
Sa poitrine gémit sous ses mains azurées,

Tandis que la ville est encombrée par les chaleurs
     d'usage
Et que les filles font sécher leur poil lisse ou leur
     stupeur
Au sein de la belle journée.

O Dieu! que ces filles se préparent à mourir
Et que l'été soit une saison si obscure en nos parages
Et que six millions d'habitants aient passé par ici
Sans y demeurer vraiment plus d'une heure!
O Dieu, il y a beaucoup trop de mondes inanimés
Par contre il n'y a pas assez de mort prochaine :
Cette statue
Qui bouge en remuant lourdement ses seins relevés.

FRONTIÈRE

Un arbre est penché au milieu des airs froids
Mais ses feuilles nouvelles font frais et triste avec la
        ville
Dont on entend les pas des sexes sur l'asphalte
Et la malédiction du diable entre les pierres.
La clôture du couvent, brique et jardin
Est verte, elle est profonde
Et les oiseaux viennent des plis d'un temps lointain.

LA VÉRITÉ EST VÉGÉTALE ce matin
L'été revient
La jeune fille fuit la mort.

94

O âme dans la direction de la belle ombre adoucie!
Il y a un anonyme Seigneur
Ils sont beaux les chemins de sa profonde plainte.

L'aube s'aperçoit sur les grilles du froid.
Et le cœur du jour d'abord frissonne
                                        autrefois très beau,
Il contemple l'asphalte et dessus les poubelles
Nimbées des perles de la pluie; et des pieds d'homme
Les renversent cruellement avec un fort bruit
Pendant
Que sonne par grâce la cloche des nonnes
Le doux lait blanc
De leur sein préservé de l'homme; et en noir et blanc
Pour la mort. Commence la journée.

(Variante)

L'aube paraît aux persiennes de fer
Elle frissonne au cœur, de se souvenir
Contemplant les asphaltes avec les poubelles
De sang, d'épluchure auréolée de pluie

Qu'un pied d'homme retourne; pendant qu'au ciel
La cloche sonne aussi des sœurs visitandines
Noire et tuée par le blanc, pour notre journée.

DRAPERIES

Passez, arbres géants meubles de la pente
Par la lumière montez un peu plus dans les ramages
Des oiseaux azurés de l'été sur les monts herbeux
Et toi crie plus fort, ciel bleu effroyable!

Transportez-vous avec plus de sérénité, d'éclat
D'esprit de jour, soyez dans le giron de Dieu
Tout à coup par fureur, poussée, sève, sueur
Quand l'abeille noircit tout autour de la vigne,

Soyez plus forts que la lumière même ne le permet
Anéantissez la forme vibrante et
Passez, marchez en moi pour être la Personne
Irréelle, aux draperies de Perfection, par nous adorée.

INCARNATION

On ne te voit pas sur la marche des rues
Trop belle! on ne te saisit pas dans tes opulences
Et à l'ombre du bien-aimé tu t'es assise,
Plus silencieuse ou silencieux qu'un être brillant
Incarnation, tu marches sur les rues
Personne dans la cité brillante ne t'a palpée,
Et son fruit est doux à ton palais.

MNÉMOSYNE

Quand les astres sont effrayés
Qui président à la constitution de l'âme,
Quand la force parfaite
Est engagée bien avant l'aurore dans le poids
Et mortifiée en un noyau de chair et là demeurée,
Quand elle ne peut comprendre ou briser son sort
Seulement menacer les parois malheureuses de son
    cristal.
Quand les saints regards et les fines pensées
Ne sont que martyre de l'arbre du mal avec l'amour.

ELLE S'ÉVEILLE et jette une odeur animale
Aux bijoux faux près de sa main terrible
A l'andrinople rouge et aux derniers sursauts
Du lit de son sommeil
Et elle entend déjà taper les machines
Sur elle, sur la peau
Qu'une sale jouissance nocturne a voulu distraire.

QUAND LES FRONDAISONS dans les quartiers sont
    vertes
Quand l'hiver à la longue neige emplit les maisons,
Quand l'automne fait vaciller le fanal rouge du che-
    min de fer,
Toujours l'oiseau est une virgule par-dessus
Les tombes
Les toits
Les fils d'acier
La force du vent;
Il existe un œil dont le prisme regarde
Pour voir des choses la figure de chose en Dieu,
Cet œil est mû par l'électricité de l'espérance.

LA DURE CARAPACE est fixée pour l'hiver
Et les chemins qu'on voit ont les cheveux blancs
Mais les consacrées sans feu ne dorment pas
Et chantent;
Les temples du jardin sont bordés de vents aigres
La loque noire fait le signe amer du deuxième mois
Malheur!
Appartenant encore à votre terre
Je désespère d'avoir fait l'ouvrage d'incarnation.

UNE COLOMBE
Balancée sur la nue branche
Par le vent froid
Au soleil chaste
Après la mort
Avant la résurrection,
Voilà ce qui me reste d'espérance.

NATURE

Superbe nature! Un monde entier de routes
Ruisseaux et rochers
Objets volumineux
De beaux grains de la peau et d'huileux mouvements
Par exemple ceux du bassin d'arrière en avant
De rire et de sommeil
Forme qui sort et rentre
Et de sève et de ramure horizontale avec le vent;
Double coque des seins et plantation marine
Sous les bras, hanche gonflée par l'eau, frappée
D'un poids trop lourd de sensualité
Les omoplates faisant pitié comme des pierres
Mouillées, elle se lave
Et l'eau refaisant le brillant du ciel, la poudre épaisse
Du paysage de rondeur revient et c'est le monde
De nouveau les beaux grains de la peau et le
        sommeil
S'il bouge sur les lombes le pays rosé
Voit la puissance du vent sec avec les songes
De tous les côtés se produire;
Les charnelles montagnes maigrissant le soir
Sur les longueurs d'un plateau religieux,
Aux gorges les brumes tuent la brise égarée.
Puis la grandeur de toute la masse rhabillée,
Et plus tard un nouveau changement survenu
Et sous la lune...

JEUNE MORT

Lombes de satin, mèches, bouches et cernes
Si tendres! mais aussi la ligne de mon courage
Ne fléchit point sous la diversité de forme de mon
     amour!
Adieu aimées, adieu muettes, et séduites,
Voici l'inconnue avec son grand manteau de jeune
     fille.

L'ASTRE

Je me souviens qu'un astre brillait dans l'hiver
En haut sur les brouillards fidèlement étendus,
Qu'il ne pouvait y avoir de fin à cette méchante
Image et que je n'espérais plus Dieu
Avant les tentes de l'été, les robes légères
Et qu'un vieillard très cher se mettait à mourir
Et qu'on tuait Catherine Crachat sur les boulevards.

LES PLAISIRS DE LA NUIT sont accompagnés
Dans la tenture comme une tulipe de sang.
La peau luit, les systèmes pileux, membres coupés
De l'amour éparpillés sur des étagères,
Mais l'ardeur est terrible et cruelle comme la nymphe
Écho échevelée dans les montagnes,
Par contre les jours sont seuls et sous la pluie
L'ennui spécial fait resonger au crime des nuits.

AU MILIEU DES TOMBEAUX de la verdure
Et de l'écorce de cyprès, contre l'herbe
Sous un ciel toujours bleu
Se tient la fille des bordels sans chemise.
Son étonnant regard cherche une étoile creuse
Un trou dans le ciel. Les chemins sont mauvais
Et tandis que l'odeur d'elle est si éprouvante
Arrive en cahotant la voiture funèbre
Impassible, couverte d'un vieux drap, et d'or
C'est, lui dit-on
L'enterrement de cette pauvre fille de bordel.

LES CHERS GLOBES DE FEU qu'elle brandit sans voile
Leur teinte est fabriquée et couleur de rougeur
De honte, ardents au bout et morts dans le vallon.
Et le lait du plaisir qu'elle retire aux mâles
Fait qu'elle voudrait toujours petite fille
Les émonder avec les couteaux de ses dents.

ROSE POURPRE à tout le monde
Tu étais désunie, ô femme à cheveux courts.
Jupe sur les genoux, jambe en soie indécente
Te montraient ton devoir.
Mémoire! tu fais pitié
Accrochée au balcon bourgeois en robe blanche.

L'ÉTÉ

Les jardins dessinés par des mains sont très grands
La grandeur est intérieure et la force douce;
Des arbres s'avancent seuls sur ces jardins
Charmes vert d'eau

Qui seraient effrayés par les pelouses sans
L'harmonie des ceintures de hêtres, tilleuls, pins
Et des bâtiments de mode légèrement peinte
Liés par la chaleur orageuse aux parterres
Du pourpre royal, arrangé sur les fonds
Tristes bleus bénis par les branches pendantes.
Des promeneurs, couples noir d'ivoire ou de couleur
Rares par la force de l'herbe, se perdent là-bas
Ou immobiles sont, comme dans les songes.

ACCUSATION

Ton superbe amour de la mer
Se défend mal et aussi le goût du ciel,
Le sens de la terre avec ses plaisirs tremble
Les agglomérations ne te disent plus rien
La forme des femmes, des hommes, muette
S'en va, une roue tourne
Tu as froid.

DÉSORMAIS TOUT EST NOUVEAU dans notre monde.
La jeune fille que je connais d'une fraîche haleine
Porte le nom de Conception,
Toujours mouillée par le choc des orages
Du cœur, c'est Conception
Encor que le froid ait touché ses pieds blonds
Et tué le laurier qu'elle aime! Nuage vert
Qui nages pour étreindre le gros tronc de l'arbre,
Porte mon amour à la Conception.

CRUCIFIX, NE TE COUVRE PAS de feuilles
Avec tant de zèle après l'horrible hiver!
Douce chaleur
N'emplis pas le sein presque lourd de la jeune fille :
Derrière on voit passer la Mort.

ÉLÉMENTS POUR NATURE

Un monde plus vrai, de dix tons plus brillant
Que le monde
Plus tiède, chaud, confiant et nourrissant
Dans l'espérance, que le sein très lourd de la vierge
Et non touché par le soleil! Ainsi mon monde
Est mon chant ô cher cœur. Ainsi le nourrissant
Mamelon silencieux m'aime et me contemple
Et disparaissent les visages cruels de ces affaires.

Un monde partout luisant de grandioses rayons
Ordinaires,
D'hommes éclaircis, de vases féminins beaux
Contenus et splendides...

De Force, humblement conduite des noirs fonds
Des cruautés intestinales, des bûchers
De brûlements, des douleurs, de satan
Jusques à s'abaisser sous le tonnerre de grâce!

LE PÈRE DE LA TERRE

ROSÉE DE L'ORIGINE

Quand la rosée divine brille sur l'origine
Quand le jour, le bleu, le vert, l'éclair et l'espoir
Et le transparent sol,
La journée sur les Alpes
Le berceau de la mer,
Se reforment comme des biens purs et rieurs,
Ils proviennent par la droite ligne du matin
Directement de la bouche encore innocente de
    l'origine.

La rosée divine brillant sur l'origine, et les nuits
    sont belles
Plus grandes que jadis.
La lune en découvrant ses dormeurs fantastiques
Les montagnes des seins du sol avec les nations
Inclinées vers la mer, ou aux villes bâties
Un seul jardin prisonnier de monastère,
Mémoire! la lune a découpé en noir

Funèbre des amoncellements de dessins classiques
De feuilles, de mélancolie et larme et aussi de gloire.

Mais les papillons, terribles dessous roses
Volent à minuit.
Mais les lacs de la sagesse qui se reposent
Mais les vents qui naissent
Avec fruit, soulevant parfois des masses d'arbres
Qui à l'image de la mort sont vertes; les bienfaits
De tant d'amour
Céleste Auteur, ne me sont pas assez sensibles.

Le vent pourtant murmure
Avec un son rauque
Souffle, écoute on ne sait à quelle hauteur.
C'est la paternité divine pour l'homme levant la tête,
Elle caresse
Et menace les jours.

LE DÉLUGE N'EST PAS ENCOR VENU, les hommes
    fleurissent
De travers, leur péché n'est point mal à l'aise sous le
    ciel
Ils ont fructifié. Les promesses s'éloignent
Jusque sur les douceurs immuables de bleu.

Ils aiment. Partout. Lourde rumeur.
Les arbres sont debout pleins et gigantesques
Les milans font la ronde et tous les rais du jour
Autour d'eux et les rauques souffles sont
Du vent du nord, qui casse la bonté des chênes.

Le chant monte de l'herbe emplie par les élytres
Que dévore la bouche absorbée par la gueule
Les plumages disparaissant sous les crocs blancs,
Et le sang reste là pour contenter la terre, et
Première fois
La mante religieuse a détaché la tête
De son époux qui sommeille,

                              heureux temps
Où le glacier de l'air marche vers l'océan
Câlin, et par un souffle dur immobile et fort
Lui fait l'enfant qu'il désire.

ESCORTE I

Les pentes qui se recourbent
Par lacets dans les verdures
Sont escortées de seins classiques :
Les filles les portent, le bout
Voisin des forêts des aisselles
Et rouges, vers le couchant rose.

ESCORTE II

Les étages de routes
Et de mâles montagnes
Sur lesquelles remontent
Les entr'ouvertes nymphes
Avec leur figure insensible et reflétant
Les amoncellements partout du soleil.

SAISON

Or l'ombre vient des feuilles
Toujours
La fibre verte du monde est sensible
Trompeuse à cause des parasites à s'y méprendre
Du même vert   bouge confusément
Toujours,
Et toujours l'horizon lance des voies solaires
Pour aller vers ailleurs, d'autres airs, pour saigner
Dans les ombres, d'autres rues
Pour s'élever sur d'autres montagnes amères.

ANCIEN

Aux premiers temps des très obscurs jardins.
Sur les premiers sanctuaires dans les verdures
Aux premiers gazons fins descendants,
Colonnes, et des filles
Pierres mouillées de leurs cuisses visibles
A l'amour vert   fraîcheur des poils moussus   et purs
Torses luisants petits vus de loin, qui se baignent.
Des aigles miroitants
Sur les jardins, frontons et autres
Touchent les reins de leurs regards,
Vont pénétrant
Sous le ciel bleu d'agate et du tableau   ancien
Les poitrines
                        avec des pleurs et des rires.

PÈRE

Chair carrée   toujours plus haut corps que le mien
odeur, poids et sourire, tes armes, choses commandées
chef des arbres
                  la pensée

                                        on disait
de toi toujours immense et familier
                        que tu aurais été mon géniteur

vrai roi   et de la semence j'étais monté.

Odeur, ombre et colère.

Autorité   les yeux les plus lourds étaient les tiens
le sein mâle que jamais je n'avais vu
mais je le retrouvais dans le génie des plantes
c'était vrai   que tu étais beau!
les membres.   Et celle que tu
et elle   que tu avais
son sein était beaucoup plus rond   à cause d'elle

Père! notre amitié était douce   ou de la terreur
et la douceur était dans le dessin des lèvres, qu'elle
avait la transparence ou la pitié des veines, comme
elle jouait bien la musique et la cherté de ses regards

                                        le sein de lait

Père guerrier! les nuits revenu dans la source
qu'elle avait naturelle

tu te baignais, et la chevelure se divise

                                tu m'accablais
mon père dans les contrées
où tu marchais avec fureur de place en place
l'ayant brisée   cassée toujours   humide et tuée,
et je me tournais vers toi, aussi facile que l'aurore

             à recevoir ce que tu voulais

             Père d'éther.

TOBIE

Le village classique

                       la jambe nue superbe
A mi-hauteur des vallées vertes laborieuses
Et des monts bleus lieux de tous les rayons
                  et l'homme et le taureau
                    pour elle, et sont d'accord
Les brutes de lumière ces arbres châtaigniers,
Les feuilles qu'il contient comme encor des cheveux
A l'intérieur de ses maisons plates et peintes
Rassemblées par l'église
              et sa voix enrouée de gorge et ses fichus
              monte sur moi, dit-elle, mais en bas
C'est un bel éventail de poil et rayons gras
Après midi, qui fait la fraîcheur religieuse.

Primitivement
La clairière était belle en une herbe sacrée
Placée pour la première fois à l'ombre qui est
    profonde
Comme la mer.

                    Les géants verts
Arbres, comme la verge doit monter,
Se tenaient avec majesté sur les deux bords
Sombres.

Les filles s'en réjouissaient avec de rauques voix
Abondantes. Après que les fils de Dieu furent venus
Vers les filles des hommes,
Les géants étaient sur la terre en ces temps-là

Ces héros, fameux dans l'antiquité, ces
Idoles. Dieu voyait que la méchanceté
Était grande de l'homme sur terre et que les pensées
De leur cœur allaient vers le mal uniquement.

Primitivement
La clairière était belle en herbe
Et pour la première fois à l'ombre.
                                    Les géants
Arbres penchés des deux côtés.
                                    Et frémissants
Par leurs plus faibles feuilles vers le bas
Des bois libidineux laissaient l'azur s'enfuir.
C'était heureux ;
                        et l'on voyait au fond
Monter des bois cette fois montueux
Vapeurs, sueurs
                    et l'on entendait sous le ciel des orphéons.

LA LUNE PARAISSAIT dans un noir souterrain
Faible corne, avec une tendresse de grand âge
Et comme Hécate vierge en gésine, et comme la mort
Au souterrain, et comme la chaleur du cuivre
Et comme le rapprochement des métaux malsains,
Afin que le courant passât : le mauvais Sort.

Aussi de plats nuages, orages, dispersés.
Mais ils étaient sculptés par les soudains éclairs
Comme la cervelle de quelque dieu que frappe
La vérité. On n'entendait point le tonnerre.

LE CHEF

Donne-moi sang et cœur
                                car je veux   et j'adore
Longtemps! Apporte la boisson commune, effeuille
Le chêne et fais la couronne autour de moi
Et chantez hanches pubères et tranquilles
De ma fille! Et tu demandes, qui
Je suis, quel pouvoir a mon sang
Quelle beauté mon cœur
Quelle ombre ma personne?

                                Donne-moi sang et cœur
Car je suis chef. Apporte la boisson commune
Sous les chênes, avec la mesure de blé
Longtemps! Œil pour œil, et les armes
Les gaz délétères sont assemblés dans les jardins.

SOLEIL COUCHANT

Sur les flèches de ces beaux pays humides
Les forêts des massifs rayons et verts
Se glissaient dans les pays des hommes, les
Éloignements montagneux et tous les fonds
Couverts de lacs entrelacés de cimes ;
Ainsi se rassemblait celui qui regardait
De très haut, la chaleur étant d'or.
On voyait au tournant
Deux filles de Virgile
Qui devisaient sur les gazons avec la bouche
Et l'une
Solitaire et la plus belle
Noire inconsciente elle montrait au voyageur
Le triangle de ses ombres.
Sans pudeur paraissaient les vampires du vent
La terre se tournait et cachait sa figure,
Vieille qui relève son manteau.

Ce qu'il y avait de plus vaste et de plus tranquille
De plus plein, de plus transparent
Sans bords
Égal
Glauque et pacifique dans un verre
Sans parois et comme de l'huile assemblée au soleil
De la volonté divine, ce qu'il y avait
De plus aqueux en ce désert
Du calme,
Et ce qu'il y avait de plus heureux
Enfin dans cette punition parfaite
Du crime réduit, dormant, sans clapotement
Car l'eau ne se mélange pas avec l'esprit,
Ce qu'il y avait de plus beau à la massive morte
    lumière
Du Déluge,
Les montagnes ayant fondu de dix mille mètres
La fornication des villes tapissant les fonds de la mer,
C'était un rameau
De silence, une nappe de silence
Un mouvement   de silence
Posé; une étendue non contrôlée
De silence qui lui-même allait être recouvert. C'était
Une colombe en gestation silencieuse
Qui viendra sur le toit
Avec un nouvel effet de silence.

SUR LES BERGES

Le Déluge se retirant avec des vapeurs, dans le sein
Du volcan qui est rouge et corrompu et dans la terre
Éternellement sèche, et dans la tièdeur
Des lignes d'air sur la pure modulante étendue,
Alors on vit sur une grève à peine verte
Entre des saules vers une ligne de maisons et de gares
Animées et déjà intenses, marcher l'amphore
Dont la base est d'un poil profond et le col gras
C'était Sara; elle sortait de l'arche.

PEAU SÈCHE

C'était autour du Déluge   cristaux
                          feuilles furies écrasées
Mélanges de couleurs   énormes et pleins ventres
D'eau à résoudre et de méchanceté;
Beaucoup de soleil et de fureur providentielle
Beaucoup de lumière là-dessus
Enfin des rocs expirants de chaleur! enfin de l'ombre
Aussi sèche que la fièvre, enfin des vents!
Enfin la fente de la peau odorante au fond des canons
Rouges, quand elle se promène!

Qu'elle était belle
Assise sur sa cuisse pliée, ses puits étant noirs
Et jouant avec l'harmonica de sa bouche.

APRÈS LE DÉLUGE

La lune diminue, divin septembre.
Les montagnes sont apaisées dans leur lumière,
L'ombre plus tôt fait ombre et l'or se repose
Subtilement dans le vert. Toute chaleur
Est morte hier comme une muraille était noire
Que dissipa la nuit avec étoiles claires,
Avec vent et silence déjà, pensée de la mort.

FEUILLES BOUGENT.
Les feuilles tremblaient et dispersaient toujours des
     mains
Tremblantes sur le haut des rives,
Quelquefois vers la mer suave et quelquefois
Sous l'haleine sans souffle et le dieu sans nuage;
Et la splendeur des pointes dans l'azur du froid

Étonnante au-dessus des glaciers   — regardait
Vers celui dont le déluge amer
S'est retiré, laissant des villes terribles de cendre
   claire.

VOYAGEURS DANS UN PAYSAGE

Agréable d'errer dans le désert sacré

Et aux mamelles de la louve, ô bon esprit, aux eaux
Qui par la terre natale errent
                              autrefois sauvages
Et maintenant apprivoisées, de boire, enfant trouvé;
Pendant le printemps lorsque dans le fond chaud
Du bois sont revenues les ailes étrangères

Le jour se reposant pami la solitude
A l'arbuste de palmier, avec les oiseaux de l'été
Se rassemblent les abeilles, et les montagnes rêvées.

Car il y a des fleurs non poussées de la terre
Elles grandissent de soi-même du sol vide.
Un reflet, et ce n'est pas heureux de les cueillir.
Déjà dorées elles se tiennent fleurs défendues
Pareilles aux pensées...

PASTORALE

La force de la profondeur du ciel était si belle,
Proféraient et chantaient ces filles de l'amour,
Natale la dorure de la chose aimée
En ce pays, que l'on voyait succomber l'herbe
Sous le poids de la présence divine et que nos jambes
Vers la mer large montées sur les pierres, étaient
Baisées sombres par tous les ions de la lumière.

PASTORALE

O puberté des jours de vent! la terre blessée
De tant d'amour, éclatante proximité!
Et la main du Seigneur
Avait laissé tomber rose ce village
Dans les vignes, naturellement tordues
Par des pierres; le triple effet du campanile
Celui des vivants, celui des bois de la nature
Et celui des morts, et la dignité des demeures
Dans les parties désormais noyées d'ombre;
Longtemps ruiné
Gai et ruiné (depuis si longtemps que la lune
Affectueuse a caressé leurs tombes).

124

L'HERBE ENFIN car l'herbe triomphe   rose et vert
La montagne est de l'herbe et les berges sont herbes
Les plaines vouées à l'herbe et l'acier des villes
De l'herbe également;
Herbe, la douce amie de l'herbe   verts et bleu.
Mesurez ce ciel admirable perpendiculaire et bleu
Peut-être de couleur verte et l'herbe de couleur bleue.

PASTORALE DU VENT NOIR

Le vent devenu noir, se dresse le couteau
Des lointains. Rugit le vent du ciel.
La corde qui sépare les saisons franchie.
Chemins de pierre, effroi du voyageur
A l'hiver. Hécate fille pâle
Au ciel fait prévoir l'heure et la manière de la mort.

Un seul nuage
Sur ce ciel mort allait à la rencontre,
Il avait la couleur d'un pantalon rose.

                                        Et cependant
A la lumière au cabaret elle ouvrait vive

Avec ses dents de louve et son crin sombre,
Celle qui chante autour de la table, et pour chanter,
Sa bouche, abandonnée les yeux au ciel.
Nasillard et doux monte l'air de leur sein
Avec l'homme et avec les mâles tous ensemble,
Et eux les muscles bruns, les faces tendres, les
Gorges du vin, les feutres sur l'oreille
Et les splendeurs de la mélancolie des dents!
Leur chant natal
Plaisait encore à toi, Dieu, plus que le monde.

LA COLOMBE

Sous le ciel purissisme d'automne asséché
Ils marchent légèrement; et le vent passe
Et quelle félicité d'entendre, désormais
Le bruit cassant des feuilles de maïs
Le chant de la plante en fibre et azurée :
Il est pareil à l'émanation de la mer
Lointaine, ou l'émanation du glacier
Prochain, avec son effondrement solitaire.
Car la colombe une première fois
Rapporta le divin signe : une vraie branche
De l'olivier du vrai sol, et la colombe
Ensuite aventurée n'est revenue
Jamais.

SUR TOUTE L'ÉPAISSEUR de la chose qui luit au lointain
Et sur le cœur qui bat contre cœur à minuit
Et sur l'esprit des eaux et sur celui des lunes
Funèbres des marais non éloignés des tombes
Des bien-aimées jadis possédées et sur leurs fantômes
Sur le flanc vert de la prairie et dans le noyer
Abandonné...

LES IDÉES

O père des Idées
Dont l'épaisseur au loin se montre en la nature
Et luit avec égalité sous notre paupière, pour arriver
A la pensée pleine des fantômes de la naissance.

Ces déesses massives
Leur corps est nombre, amour, intelligence,
Leurs flancs d'air luisent avec égalité, avec confiance :
La pensée les recrée et tout retourne au Père.

VIEILLARD

Le vieillard était sage et souvent vers sa tombe
Se dirigeait, prenant par le bois des châtaignes.
Là où la terre est longue, a la forme du bleu
Vague et où les villes sont éloignées perles qui brillent.
Les pierres de ton rose marquaient sous son âge
Les regards de ses amours perdues. Quand il montait
L'essoufflement l'arrêtait et l'espoir. Dieu faisait
Pour lui le monde impatient sans un nuage.

ARBRE DU SOIR

Profonde majesté dont le bras noir s'incline
Dans le temps pur sans air et surtout sans ciel
Et la matière humide ; l'obscurité
Touchante avec le soir ; les énormes fougères ;
Et sans bruit sans oiseaux la racine évidée
Par l'horrible maladie d'antan. Rêve !
Malheureux, rêve en remplaçant les atmosphères,
A ta liberté quand le premier auteur...

LARMES

Beaucoup de pleurs arrivent au pays
Que déversent les nuages sempiternels
Qui passent dans les jardins; et tant de pleurs
Les yeux des hommes les reprennent

A leur tout, sur des détresses, sur des fautes
Suivies par d'atroces morts de jeunes filles,
Et l'on éprouve encor la vérité dans une
Larme, cette goutte en désespoir qui brille.

Je voudrais te retrouver dans le vallon
Près des chemins du jardin où l'on peut
Dire des prières. J'ai beaucoup changé
Mon cœur s'ouvre. Et ton fameux visage
Serait le doux, le même, le vrai comme autrefois.
— La mort, répond le vent magnifique des tombes.

LARME

Ce que l'œil répand c'est une perle d'ombre
Chaude avec du feu qui s'éteint en tranquille
Éternité : sur la vague poussière et sur la pierre,
Les champs, l'asphalte et l'air,
Ou le pauvre mouchoir aux mains tremblant
Elle demeure, étant engendrée par la mort
Capitale et qui grandit par le dedans.

MAIS PURES LES IDÉES
Se tiennent accolées sans sexuelle ardeur
Sur la ligne même où doivent se produire
La gaîté et l'amour.
Les Idées remuent lentement leurs paupières
Pleines des cils les plus tendres comme des forêts.

MONDE SENSIBLE

L'âme est seule au-dessus du monde bleu
De la terre belle et animale, sans espace.

Un jour la terre en mouvement
Avec les tons, les brises, l'odeur du sexe et les saisons
Et les rires qui comme les paroles ne reviennent plus

Et les arbres dont le bord est majestueux
Et sous la chaleur immense les efforts
Du passager ou voyageur,

Ne sont rien à l'âme obscure et qui se meut
Vers un autre pouvoir et vers une autre touche
D'adoration

A l'intérieur de son aveugle ressort;
                          mais d'autres jours
Tout est un, et un en un, et tout en un
Et un en Dieu
Et Dieu présent dans le tronc d'arbre mort.

LA PUISSANCE DE TERRE et l'amour du pays
Supportent l'idée du Bien, qui s'avance.
Elle flotte. A ses pieds les substances sont jaunes
Ou les terribles places d'industrie, cassées
Ou les faubourgs de plâtre. Et l'idée du Bien flotte
Très haut dans l'image, aux aisselles des monts
Disséminant l'amour et les couleurs
Supprimant ces petites traces que font les morts
Et remplaçant le faux soleil par l'état pur.

VRAI CORPS

VRAI CORPS

Salut vrai corps de dieu. Salut Resplendissant
Corps de la chair engagé par la tombe et qui naît
Corps, ô Ruisselant de bontés et de chairs
Salut corps tout de jour!
Divinité aux très larges épaules
Enfantine et marchante, salut toute beauté,
Aux boucles, aux épines
Inouï corps très dur de la miséricorde,
Salut vrai corps de dieu éblouissant aux larmes
Qui renaît, salut vrai corps de l'homme
Enfanté du triple esprit par la charité.

Témoin des lieux insensés de mon cœur
Tu es né d'une vierge absolue et tu es né
Parce que Dieu avait posé les mains sur sa poitrine,
Et tu es né
Homme de nerfs et de douleur et de semence

Pour marcher sur la magnifique dalle de chagrin
Et ton flanc mort fut percé pour la preuve
Et jaillit sur l'obscur et extérieur nuage
Du sang avec de l'eau.

Sur le flanc la lèvre s'ouvre en méditant
Lèvre de la plaie mâle, et c'est la lèvre aussi
De la fille commune
Dont les cheveux nous éblouissent de long amour;
Elle baise les pieds
Verdâtres, décomposés comme la rose
Trop dévorée par la chaleur amoureuse du ciel d'en
    haut,
Et sur elle jaillit, sur l'extérieur nuage
Du sang avec de l'eau car tu étais né.

Lorsque couchés sur le lit tiède de la mort
Tous les bijoux ôtés avec les œuvres
Tous les paysages décomposés
Tous les ciels noirs et tous les livres brûlés
Enfin nous approcherons avec majesté de nous-
    même,
Quand nous rejetterons les fleurs finales
Et les étoiles seront expliquées parmi notre âme,
Souris alors et donne un sourire de ton corps
Permets que nous te goûtions d'abord le jour de la
    mort
Qui est un grand jour de calme d'épousés,
Le monde heureux, les fils réconciliés.

Sueur de Sang

(1933-1935)

Inconscient, spiritualité
et catastrophe

Nous avons connaissance à présent de milliers de mondes à l'intérieur du monde de l'homme, que toute l'œuvre de l'homme avait été de cacher, et de milliers de couches dans la géologie de cet être terrible qui se dégage avec obstination et peut-être merveilleusement (mais sans jamais y bien parvenir) d'une argile noire et d'un placenta sanglant. Des voies s'ouvrent dont la complexité, la rapidité pourraient faire peur. Cet homme n'est pas un personnage en veston ou en uniforme comme nous l'avions cru; il est plutôt un abîme douloureux, fermé, mais presque ouvert, une colonie de forces insatiables, rarement heureuses, qui se remuent en rond comme des crabes avec lourdeur et esprit de défense. Ou encore, on aperçoit dans le cœur de l'homme et dans la matrice de son intelligence tant de suçoirs, de bouches méchantes, de matières fécales aimées et haïes, un tel appétit cannibale ou des inventions incestueuses si tenaces et si étranges, toute cette tendance obscène et cette magie, prodigieuse accumulation, enfin un tel monstre de Désir alternant avec un bourreau si implacable, que, à partir de ce point, le problème

139

de l'homme semble se déplacer continuellement; car après avoir pensé : comment ce fond terrible peut-il demeurer toujours voilé? — et ensuite : comment l'homme a-t-il pu si longtemps ignorer le fond? — nous arrivons à nous dire : comment se fait-il que l'homme soit parvenu à opposer la conscience raisonnable à des puissances aussi redoutables et déterminées? Les dénégations les plus violentes peuvent secouer le monde : l'homme moderne a découvert l'inconscient et sa structure; il y a vu l'impulsion de l'éros et l'impulsion de la mort, nouées ensemble, et la face du monde de la Faute, je veux dire du monde de l'homme, en est définitivement changée. On ne déliera plus le rapport entre la culpabilité — le sentiment fondamental au cœur de tout homme — et l'intrication initiale des deux instincts capitaux. Rien ne nous fera plus oublier que nous sommes conflit insoluble entre deux lignes, à l'une se rattachant la chaleur de l'être, à l'autre le développement rationnel de la personne, et qu'un éclatement intime (car il a fallu beaucoup forcer pour nous soustraire à la détermination animale) demeure toujours possible comme une menace à notre vie intérieure. Incalculable accroissement du tragique que nous donne la métapsychologie, et d'abord la connaissance d'un œil qui est dirigé vers notre secret, de notre œil même.

Nous ne sommes pas étonnés de passer, avec cet œil, dans des cylindres, des conduits, des voûtes inexplorées, des ruines; de voir le visage changer de chair, la destinée prendre un autre nom, le désir s'introduire dans l'ordre des causes, la mort travailler. Entre les personnages plombés et mystérieux de l'origine tout se fait immédiatement, pour toujours, avec une intensité terrible et sans solution. L'univers, sous la personne

de M. Durand, est la puissance qui cherche à devenir
étale jusqu'au moment de s'effondrer et de l'abandonner.
Les dieux, les mythes font partie de sa réalité et forment
aussi son gigantesque château de cartes. L'inhumaine
épaisseur de tout cela serait capable de faire craquer
sa tête (de l'aliéner à lui-même) s'il n'avait un esprit
frivole (ou encore intelligent) toujours prêt à ne pas
voir ce qui l'offense. Cependant l'homme s'efforce dans
la bataille de l'abîme, il s'efforce et, dans quelques cir-
constances rares, il pense. S'il n'a pas été réduit à une
sorte de mort préalable dans le mécanisme, il pense.
Ici le miracle, qui n'est jamais très éloigné de l'homme,
commence de se manifester. Nous sommes au mystère
de la sublimation, pour reprendre le mot dont Freud a
désigné toute une espèce dynamique. Ainsi un transport
d'énergie à l'intérieur de la tendance ferait qu'elle ne
se ressemble plus, tout en demeurant fidèle à son origine ;
de déterminée et nécessaire elle deviendrait plus gra-
tuite ; elle gagnerait donc de la hauteur. Capable de
vastes transformations en quantité, en genre, capable
aussi d'inventer sa qualité, de se transcender enfin,
telle serait la libido. Cette construction est satisfaisante,
et je ne crois pas que « l'âme » de l'homme s'en trouve
diminuée. Au contraire. (L'homme est aujourd'hui
plus grand, s'il veut le connaître, qu'au moyen âge et
au XVIᵉ siècle, époques où il eut une assez haute idée de
lui-même ; justement parce que, son narcissisme blessé,
il doit avoir accès à des forces imprévues.) Ainsi la
psychologie qui s'apprête à bouleverser la civilisation
malade, quand elle montre le démoniaque qui est la
vie des instincts, apporte par le même mouvement une
Raison de fabrication meilleure.

Déjà se dégage cette idée que pour certains esprits

(les mystiques) doit exister la possibilité de rapports et d'accords fondamentaux entre le sur-moi, puissance contraignante archaïque, et le Fond érotique plus universel qui est leur non-moi : de sorte que, sur le plan de l'inconscient, la guerre faite par leur sur-moi à leur moi érotique ne donne plus, comme pour d'autres, la maladie ou l'accident, mais produit de toutes parts un approfondissement illimité. Cette constatation m'a paru de la plus haute valeur par les conséquences dialectiques que l'on en peut tirer. Ainsi il y aurait des natures pour lesquelles l'inconscient universel, plus lointain que l'inconscient du moi, a des pouvoirs secrets ; qui seraient capables de le connaître à travers certaines disciplines, de lui donner et de recevoir de lui, — mouvements que l'on ne saurait appeler autrement que spirituels. Comme toute chose désormais doit obéir à la forme du psychisme de l'homme, mais comme nous sommes loin de savoir ce qui sépare les tendances les plus universelles de l'inconscient d'avec les formations spirituelles que nous tenons pour les plus élevées, — comme certain érotisme, on ne cessera de le remarquer, imprègne les actes sublimes des saints, — nous pouvons presque conjecturer que la série des phénomènes est circulaire et que le plus bas dans ces natures privilégiées rejoint instantanément le plus haut.

C'est du moins ce qu'il faut affirmer de la chose plus humble qu'est la Poésie. Les poètes qui ont travaillé depuis Rimbaud à affranchir la poésie du rationnel savent très bien (même s'ils ne croient point le savoir) qu'ils ont retrouvé dans l'inconscient, ou du moins la pensée autant que possible influencée de l'inconscient, l'ancienne et la nouvelle source, et qu'ils se sont approchés par là d'un but nouveau pour le monde.

Car nous sommes, comme le dit Freud, des masses d'inconscient légèrement élucidées à la surface par la lumière du soleil; et ceci, les poètes l'ont dit avant Freud : Lautréamont, Rimbaud, Mallarmé, enfin Baudelaire, Dans son expérience actuelle, la poésie est en présence de multiples condensations à travers quoi elle arrive à toucher au symbole — *non plus contrôlé par l'intellect, mais surgi, redoutable et réel. C'est comme une matière qui dégage ses puissances. Et par le mode de sensibilité qui procède de la phrase au vers et du mot utilitaire au mot magique, la recherche de la forme adéquate devient inséparable de la recherche du fond. Que la Poésie s'avance donc « dans l'absurde » comme ils disent !*

Tout cet édifice assez merveilleux est d'ailleurs traversé par un autre mouvement de l'inconscient, que nous apprenons à lire comme tel, qui se nomme la catastrophe. Comme si nous étions, relativement à l'âme humaine, dans un de ces bouleversements primaires qui doivent toucher l'aspect de toutes choses, détruire le bien avec le mal, effacer l'homme dans le même temps où elle l'instruit. La catastrophe la pire de la civilisation est à cette heure possible parce qu'elle se tient dans l'homme, mystérieusement agissante, rationalisée, enfin d'autant plus menaçante que l'homme sait qu'elle répond à une pulsion de la mort déposée en lui. La psychonévrose du monde est parvenue à un degré avancé qui peut faire craindre l'acte de suicide. La société se ressouvient de ce qu'elle était au temps de saint Jean ou à l'an mille : elle attend, elle espère la fin. Il n'y a pas à prouver que le créateur des valeurs de la vie (le poète) doit être contre la catastrophe; ce que le poète a fait avec l'instinct de la mort est le contraire de ce que la catastrophe veut faire ; en un sens, la poésie c'est la vie même du grand Eros morte et par là survivante. Je ne crois pas à la poésie qui, dans le processus inconscient, choisit le cadavre et reste fixée sur lui ; il n'y a, par le cadavre, ni révolution ni action. Dieu est vie ; et si la mort doit finalement s'intégrer dans le monde ou dans Dieu, ce ne doit jamais être par le « sens du cadavre » que, chose extraordinaire, l'homme porte en lui dès qu'il naît — comme un pouvoir diabolique engendreur de faute. Mais qui peut dire? ce pouvoir démoniaque et cette faute sont peut-être les facteurs de l'émancipation de l'homme. Quoi qu'il en soit, aujourd'hui les instruments de la Destruction nous encombrent ; les iniquités pourrissantes des nations font de l'Europe « la grande prostituée... assise sur une bête écarlate couverte de noms de blasphème ayant sept têtes et dix cornes... » « Quoi ! la grande ville vêtue d'écarlate, et de pourpre et de beau lin, parée d'or et de pierres précieuses et de perles ! En une heure ont péri tant de richesses ! » Nous sentons bien que ce n'est pas tant de révolution qu'il s'agit que de destruction pure, de recherche d'un coupable objet de haine, et de régression.

La révolution comme l'acte religieux a besoin d'amour. La poésie est un véhicule intérieur de l'amour. Nous devons donc, poètes, produire cette « sueur de sang » qu'est l'élévation à des substances si profondes, ou si élevées, qui dérivent de la pauvre, de la belle puissance érotique humaine.

Mars 1933.

SUEUR DE SANG

CRACHATS

Les crachats sur l'asphalte m'ont toujours fait penser
A la face imprimée au voile des saintes femmes.

LA TACHE

Je voyais une nappe épaisse d'huile verte
Écoulée d'une machine et je songeais
Sur le pavé chaud de l'infâme quartier
Longtemps, longtemps au sang de ma mère.

CAR LA PEAU BLANCHE est une expression nocturne
Et quels déserts n'ont-ils pas foulés ses pieds diurnes?
Une ombre — ce qu'elle est — n'est pas plus effrayée
Ni plus obscène, ni plus horriblement méchante.

L'homme sans péché
Est celui qui ne devrait pas mourir, est donc celui
Qui ne connaîtrait nulle interdiction, est donc celui
Qui n'aurait point de semblable, et qui ne devrait
    pas vivre.

MAUVAIS SEXE

Si l'arbre a poussé dans les contrées de laine
Autour du diamant des femmes cavalières!
Ce n'est pas que son ventre ait l'emmêlement brun
Ni qu'elle dorme, avec l'hygiène pour beauté,
Mais c'est plutôt l'étouffement d'un mauvais vent
Et la moiteur de l'arbre, particulière!

Ce n'est pas tant l'ardeur du vis-à-vis
Linéaire dans le bassin des chairs calcaires
Ni l'ambassade par l'odeur au sein de l'homme
Et le charme des vieux appareils de torture,

148

Mais c'est plutôt dans le sang régulier
La haine, poil, d'avoir poussé sur le secret
Qui fut amputation, expansion tranchée.

PAR LE FLEUVE ÉCOULÉ du sein de notre mère
Glissant, nous allons vers l'immuable mort.
La mort qui le fit rond ce sein plein de chaleur
Et l'accrocha non loin de cette aisselle noire.

DESTRUCTION

Ces traits de fer et ces chevelures délabrées
Te conviennent, forme aujourd'hui de la ville.
Les visages déformés par l'angoisse et les regards
Troués au cœur! et toujours des mousses légères.

Ce sont les cavaliers avant-coureurs
Ils sont marqués du doigt de Dieu
Ils errent encore avec des journaux à la main
Quand les troupeaux de canons changent de
       pâturage.

Les lisières des plus grands bois guident l'âme
    humaine
Par le calme des terrasses de cette herbe
Vers des montagnes nébuleuses dans les éclaircies
    desquelles
Des temples gardiens de leurs anciens morts, dorment.

Lointaines, les mémoires sont dorées dans la braise
Du grand temps. O terres terres innocentes
O vous riant, temples, cités, scènes dans le bleu.

LE NU MIELLEUX, la carte postale épilée
Vivante et le voyageur interdit dans l'ombre
Coupable cependant! La chaleur des baisers
Sur des bras de hasard!

Il cède et pourtant le voilà plus sacré
Le voilà plus lavé de l'humeur et plus près
De toi cerf de la nuit immaculé.

ARBRE NU DÉVORANT, ô mère et terre et mort!
Ombre de longue histoire, bouche sanglante.
Satisfais et condamne l'homme, ce cœur long
Qui aspire à mourir dedans ta main gluante.

ESPAGNE

Magique fille et bombée par la lune!
Les arbres du plateau de craie houlent vers toi
Touchante ô messagère d'amour près des cirques
Dénudés auprès des villes de peinture
De désolation que courbe un fleuve vert.
Le ciel est noir, avec le temps. Un beau rapace
Prend son vol entre tes seins vers la nuée
Et se perd, sans pouvoir atteindre au Supplicié
Ni t'apaiser ô fente rose des calcaires.

AUTOUR D'UNE JARRETIÈRE œuvre de chair.
L'église une immense tour vers le ciel.
Dans un jardin public ce n'est que drame et plaies.
La sueur baigne les membres des statues

Quand celles-ci se pensent sous leurs voiles.
Un homme est poursuivi par la guerre
Et pense de la vie qu'elle est trou et blessure.

SEXE AMER JE NE T'AI PAS VU EN VAIN. Dos de la
    femme
Qui apparut brillant. Silence des oiseaux
Sur ce jour-là daté dans les douces ténèbres.

Miracle de la voix, ah si mon œuvre dure,
Es-tu sorti de ces conditions désertes
Qui tant de mal faisaient à l'âme et du si pur?

LA BELLE A SA FENÊTRE

La face était empruntée aux maisons
Boucles d'or artificiel sur peignoir bleu
La dormeuse éveillée — cette femme vénale
Était fausse maigre —
Le meurtre antique était dans son regard plâtreux
Précocement lâches ses joues pâles

Invitant sourire était son orifice
Souvent sali mais rougi à nouveau,
Cette merveilleusement belle avait à la fenêtre
Deux mains avec dix beaux doigts sur les autos
Pour chercher et tirer le monsieur de six heures
Et faire patienter la mort derrière.

FEMME A LA FENÊTRE

Dans un peignoir bleu entre les maisons
Une femme centrale et blonde pêchait
L'homme central et brun ou blond
A travers les vitres et laques d'autos
Par l'hameçon de la méditation mortelle.

BÊTE

Tombe au soir sur les flancs
Aux féroces toisons des amies du chagrin,
Remue-toi sur leur fondement large et vain
Et tu verras la bête dans le repli même

Plus rouge que la faute et plus attentive
Que le crime, et du rire sans dents souriant
Élargie par tant de parties d'humanité
En riant de la semence dans l'abîme.

Où as-tu mis l'odeur de tes nobles navires?
Où sont tes conventions magiques et touchantes?
Quel monstre tu montres! Quelle horreur a ton nom
Dévoilé avec plaisir. Et je comprends
Qu'un chagrin douloureux comme un téton de fer
Se soit développé dans ceux et dans celles
Qui ne regardent l'univers que par ces lieux.

ARIANES

Vos fesses, mes chéries géantes! vos argentées
Toisons sur vos replis fermés graves et longs
De poils élégamment tordus, et déroulées
Vos peaux cuivrées prenant le jour aux horizons!
Et le monstre endormi, tous vos atours fendus
Vos étoffes chargées de sangs et d'endroits nus,
Vos globes de vent mou que ne viole aucune aile,
Vos parfums de marine et d'urine à l'aisselle.

A CHEVAL

Frémissement du cheval de la mort!
Il cède à la tentation de la bouche noire
Inférieure et intime et du regard de plâtre
Et du jeu des courtines, sexes, jambes et bras.

LA FOURRURE DE LA FILLE et encor plus bas.
Seigneur tu m'as bien vu, se hasarder mes yeux
Coupables se glisser... L'oiseau dans la forêt
L'alligator le mange et rit à grandes dents.
Les tropiques pensifs, les fleuves, les poussées
Du paradis et les premières musiques.

Commence par le plus bas
S'épaississant sur les mots obscènes et froids.

ŒIL DES CHEVEUX

La cruauté, le noir et la misère.
Le regard emmêlé. Quel regard vous avez.
Dans ce tableau les pentes de la terre
Sont des membres léchés par d'obscènes bosquets.
Infâme à regarder. D'autres cheveux meilleurs
Font furieusement obstacle et des barricades
Sont partout. L'œil rose des cheveux
Regarde pourtant ce que voit un œil bleu.

L'ŒIL ET LA CHEVELURE

Placé dans la longueur et fermé comme un puits
Sur le secret du moi, entre des moustaches
Pour toute éternité; c'est une bouche ouverte
Qui souffle un long drapeau de malheureux parfum
C'est un regard voilé
Qui prononce un vocabulaire ensanglanté.

COMBAT DES YEUX

L'œil profond enfui
Est ouvert dans la contemplation des ciels sans ombre
Peints dans le pur ozone et l'amour absolu
Les ciels qui n'ont aucun point de repère.

Mais l'œil déraciné
Est emporté par le vent clair sur des pylônes
Se redresse en courant
Vers les frisons de la forêt de la naissance.

Alors ils se rencontrent,
C'est pour former un monstre de poils et de crocs
D'arcs-boutants et de jambes
Qu'un rire atroce immémorial secoue.

L'AMOUR A RÉINVENTER

L'amour de Psyché malheureux se mélange
Automate sanglant
Sur la voie des tombeaux, des matières fécales
Auprès des tabous sombres :

La perspective est illimitée vraiment
Et l'horrible masque qu'il a composé, tombe.
Il est nu sous la trompette amère de l'ange

Et l'amour à réinventer, la chair à refaire,
Et le saint esprit sont en question.

O PANDORE, il n'y a que chaleur dans tes membres
Chute des mers, eau tiède des montagnes,
Courant des amours claires, sont tes faveurs
Et le grossier soleil est sculpté sur ton sein
Mais la boîte est vide :
Répandus sur la terre tes adorables maux
Se meuvent transformant en haine ta douceur;
Dans la boîte qui fut par effraction
Ouverte, et que tu retiens encore
O Pandore, il ne reste que l'espoir.

LES ERREURS, LES ANNÉES, chagrins inexorables
Les désirs monstres devenus de fer et de laine,
Le regard aux latrines, les combats rangés
La sœur, la mère, le frère, le père
Voilà ce qui formant taches et initiales
Imprègne de sang les murs de ce château
Sinistre enchanteur de la mer :
La quantité de sang
Que l'âme de tout voyageur revient flairer.

UNE BÊTE ADMIRABLE à la cuisse secrète
Passe sur les terrains infiniment blessés ;
Blessure de sang écumeux et frais
Il m'entraîne, je sens, en dehors de la ville.

CERF DE LA NUIT

Si vous cherchez le cerf, il faut vous recueillir
Pelotonné dans la chaleur de l'unité
Secrètement à genoux avant l'aube
Sans haleine dans l'épaisseur des montagnes

Être anxieux, subtil, et terrible et rusé
Prêt à tout, nécessaire
Et doux comme une femme
C'est donc entrer nu dans votre destinée,

Votre destinée traîne la destinée
De la bête inouïe de la bête invisible
De la bête qui ne paraît pas la première
Dans les espaces pleins d'hostilité,

Votre âme ce chasseur maudit
Est sortie pour lier très loin l'âme du cerf
Bien avant qu'il soit, et l'âme de la bête
Bien avant que vous évente sa narine.

Lutte pour échapper, quand le sursaut divin
Occupe le roc invisible!
Bataille subtile habile de vos désirs
Qui ne trouvera fin que dans la balle,

Et parvenu au point mystérieux et finalement
La balle ce sera votre ultime désir
Et tout votre destin
Projeté dans le sublime destin du cerf

Tandis que le sang très sombrement vous récompense.

EXTRA-TERRESTRE

Rien qu'une nuit obscure
Et la mort s'exhibant dans les miroirs légers
A l'aurore du suivant jour.
Rien qu'un cerf agonisant sur la pierre
Spirituelle et qu'une main aux yeux blessés
Qu'une touffe sur la nuque, et toi Christ immuable!
Telles sont en profondeur, cerf de la nuit,
Les providences dont tu te sers
Pour transformer le pauvre cœur en vie.

LE CERF ALTÉRÉ MEURT au cri des rochers
Sur tout le pays de mes fautes. Je n'ai
Rien pour le ranimer, ni pour l'aimer.
Mais il est mon amant adorable. Son cri
Me retire déjà de cette vie fanée.

EXPOSÉE AU TOURMENT excité de la terre
La face n'est plus comme alors injuriée.
Elle défend qu'on l'accable ou qu'on l'aime
Meurt de gloire!
Et chemin des schistes mortuaires
Le poète voulut la ranimer.

O ADORABLE MATINÉE
De tes yeux! Principe immuable
De l'orifice de ta voix.
Paradis de tes reins et chaud
Redressement de ta verge
Qui brûle de l'esprit muet.

LE CERF NAÎT DE L'ACTION la plus claire
De l'inhumanité trouvée avec sa détresse
De l'extrême chaleur au flanc des icebergs
Et du torrent remontant le cours de ses pierres.

Le cerf naît de l'humus le plus bas
De soi, du plaisir de tuer le père
Et du larcin érotique avec la sœur,
Des lauriers et des fécales amours.

Le cerf apparaît dans les villes
Entre des comptoirs et ruisseaux
Méconnaissable sous la lampe de mercure
Quand le ciel, le ciel même prépare la guerre.

LA MORT
Qui fit la personne que vous voyez,
Ennemie de son âme,
En elle-même, ayant tué la personne infâme,
Par l'âme à la fin se verra employée.

L'ANGOISSE

L'émanation du silence,
L'humiliation devant le refus
La cruauté subie de l'interdiction
La perception de la finitude délaissée.
Et la présence vague à l'objet inconnu
Vibre tournoie et plonge!
Mortel état qui empêche la mort.
Et cherchant uniquement moi et ma mort
Le néant distend le rapport envers Dieu.

CAPRICE

Sans horreur pas d'amour,
Pour amour, aussi crime!
Suspension dans l'instant sans aucun appareil
De raison pour savoir que le péché profond
N'atteindra pas celui qui Jamais ne pécha.
Le chemin du caprice
Effréné qui se précipite sur la muraille :
C'est au prix de la mort.

LAMENTATIONS AU CERF

Sanglant comme la nuit, admirable en effroi, et sensible
            Sans bruit, tu meurs à notre approche.
Apparais sur le douloureux et le douteux
Si rapide impuissant de sperme et de sueur
Qu'ait été le chasseur ; si coupable son
            Ombre et si faible l'amour
Qu'il avait ! Apparais dans un corps
Pelage vrai et
            Chaud, toi qui passes la mort.
Oui toi dont les blessures
            Marquent les trous de notre vrai amour
A force de nos coups, apparais et reviens
Malgré l'amour, malgré que
            Crache la blessure.

VARIANTE DU MÊME

Sanglant comme la nuit
Admirable en effroi
Sensible sans un bruit
Mourant à notre approche !

165

Apparais sur le pur
Douteux et douloureux,
Apparais dans un corps
Toi qui passes la mort !

LE CRISTAL

Parfum d'incendie d'incendié jardin
Du monde primitif et parallèle au monde
Le cristal du monde, il est bleu et divin.
Mais le cerf est l'amant éloigné du jardin
Et de la merveilleuse mer de l'existence.

DE DEO

Que mon sang me soit remis, je te le rendrai.
Que mon dernier soupir à travers ces beautés
De montagnes, de chair et d'azur
Que connaissent les lèvres

166

Arrive à ta vitalité une et éternelle.
Qu'un ruisselet de sang
Coulant sur la pierre éblouie du beau monde
Le mien, me rachète d'avoir pleuré.

DE DEO

« O mon Bien-Aimé je
Consens pour ton amour
De ne voir ici-bas la douceur de ton regard
De ne sentir l'inexprimable ardeur du baiser
De ta bouche; mais je
Te supplie de m'embraser de ton amour. »

O Dieu clair, soutiens mes pas chancelants.
Sombre Cerf, fais trébucher mes pas clairs.

LA LUMIÈRE EST AU FOND de la crypte vivante
Adorable et loin de nos ivres matières
Filles de l'excrément et du crime ; la lumière
Vient de l'être amoureux, immémorial, sauvant
Et touche nos démons bien que la scène
De Dieu du Fils et de l'homme ne soit plus claire
Et totale ce qu'elle était dans l'univers.

AU JOUR LES GRANDS LAMBEAUX de la gaîté du jour
Et le fleuve des morts limpidement vu
Mais aux nuits la récrimination funèbre
Car nous serons bientôt masses dans quel état
Sous les tombes lavées de la pluie et la suie
Violettes et murmures. Se taira celui
Qui dit : les grands lambeaux de la gaîté du jour.

LE CRI CE SONT VOS YEUX et l'espoir votre gloire
Votre force le hérissement de vos cheveux
Votre baiser la blessure de votre bouche
Et votre paix l'éparpillement de vos pensées
Et des morceaux de chair trop longtemps adorés.

168

LE CIEL EST DANS L'INTIMITÉ du ciel nuageux
Le nuage dans l'eau et l'eau dans la maison
La maison dans le cœur et celui-ci dans le
Désespoir, mais le désespoir dans le cœur
Le cœur dans la maison celle-ci dans l'espace
L'espace humainement malade sous le ciel —
Commence la destruction de l'ange ; et je suis heureux.

SI BELLE LA PIERRE BLONDE et reposée
Dans ces forêts insignifiantes et d'opprobre
Sous un ciel bleu beau suceur de la mer ;
Et si troué par le sein de cet air
Le clocher italien durement illustré
Car il nie l'étendue complète de la terre.

IRRUMATION

Si tu m'accables de ta venue, ou si
Je te forçai à venir? je l'oubliai
Distendue par l'effort de manger pour aimer
Et la force de bronze écartant ma narine

169

Et le muscle, et la douleur atroce, et la joie
M'ont faite bonne, alors contre nature
La gloire de ton âme irrume sur ma langue
Empêchant mon débat même de murmurer.

La reine de Saba porte un vert diadème
Est-il d'amour, de honte, ou de honte et d'amour?
Il est de ces merveilles qu'elle a possédées
Quand elle mourut
Du coup de vent de la trompette de l'ange.

O grandeur de la nuit où sauve tu t'éveilles.
Et qui t'a dit sauvage que tu étais sauve
O sanglot! Et qui te mesura la force vive
Sans diminuer ton extraordinaire cœur
Et ta lèvre formée pour manger jusqu'à Dieu
Comprenant mieux que jamais le carnage
Mais obligée parmi les épreuves de confusion
De vivre plus fermée recueillie disant non?
O quel doute en quel couloir tremblant! Et tu es
Lasse à tomber quand s'ouvre et va s'ouvrir
La nuit où tu es sauve; car tu vas mourir.

MONSTRUM

N'as-tu pas vu ses seins volumineux
Mais la mentule amère et forte baissant la tête
Pendue au ventre à la hanche en marbre aux beaux
    yeux?
Cette femme était donc un homme plus une femme
Heureux toujours uni désaccordé
Sa chevelure au vent et sa voix de stentor
Sa moustache, son gland fumant et sa beauté.

Plaise a Dieu que ton cœur se guide dans l'orifice
Et que ta main soit dure à construire le péché
Et que tu te souviennes des fonds saigneux
Et que sans quitter jamais le sein ni les cheveux
Tu transmues par la mort la vie dans la vie.

Miroir frais sans buée à l'amour réfléchi
Tu ne perds ton regard sous les ruisseaux de haine
Et l'herbe quand au vent du matin guerrier
Solaire elle balance! Une aveugle qui s'aime.

171

Le paquet enveloppé dans un papier brun très
vulgaire : de la fente du papier de ce paquet sort une
goutte de sang, elle est rouge ronde et lustrée, trans-
parente aussi elle descend, le long du paquet elle
tombe; elle tombe, sans se déformer; dans la fente
se montre le sillon sanglant qui est mince et de la
longueur du paquet et qui augmente sans cesse
d'intensité mais qui ne saigne qu'à la surface.

L'AILE DU DÉSESPOIR

A UNE FEMME

J'aurais voulu marcher longtemps parmi les ruines
Et découvrir son corps toujours ensanglanté
Qui transpire à la transparence de la lune
Effort toujours de la chaleur et du duvet.

SANS CONNAISSANCE

Serre, serre les flancs, guerriers de nos armées!
Combats, depuis trois ans tu sors de l'ombre
Et guette dans la ténébreuse énormité
Inventant le cœur tout sanglant d'un créateur
Pour t'abriter sous tes propres seins éclairés.

UN ROCHER

La roche de mortelle douce apparence
A six mille pieds de la terre des mères,
La roche échouée dans la félicité
Éclate de pur cristal! Quelle admirable
Femme ici roula ses yeux
Pour faire dans une ligne grecque l'eau verte.

MON AMANT DIT LE SOUFFLE
Mon Amant dit la dent soupire la langue
Mon Amant
Et le jour à jamais s'assombrit dans le jour.

HIER AUJOURD'HUI DEMAIN

Bruit des chairs de l'été immobiles clairs vents
Et lourdeur virginale des cols les plus frais
Et charités des rochers pour les saxifrages
Ciels sans humanité.

Rien ne me permettrait de mourir si les cœurs
Avec grâce avec larmes ne s'assassinaient
Et si pendant que tu refermes ton
Ventre je ne perdais tout pour jamais.

Pierres perdues laissées là-bas en pleine écume
Écorces mortes mousse évanouie fleurs flétries
Lumière des forêts et vous autres perdues
Sources gelées de roche
Amante évanouie!

La nuit longtemps dévouée à la nuit
Tout à coup se poursuit dans l'ombre et devient
        l'azur.

RÉALISTE

Une lumière inimaginable d'automne
Passe dans vos carreaux funèbres, mes amis,
Et le jour effrayé le jour des nuits frissonne
Du deuil des monts, du deuil des libertés,
Et votre cœur dans votre poitrine entr'ouverte
Saignants comme des figurants vous vous avancez.

Immense intérêt des faims et de la haine
Nous vous apercevons au péril de la terre
Au péril du cœur au péril de Dieu
Un œil féroce et bleu se lève et il nous dit
Regarde, par ce trou tu comprendras, celui
Que n'osaient pas nommer encor les pères.

Au péril de la vie, au péril de l'amour
Au péril du salut des nations et de Dieu
Un œil féroce bleu
Dit : par le trou des hontes naturelles !
Et tu croîs plus saignante, anémone immortelle.

DE SCANDALE ! jamais je ne l'étais sinon
Que tout mon cœur adorant était de scandale.

Tu joues entres tes seins de mère ensevelie
Un alourdissement de chaînes tes regards
Les plantes de tes pieds me foulent la figure
Suaves sans repos ces plantes féminantes
Tu es jolie tu es jolie tu es jolie !

La terre, ce squelette clair et brisé.
Regardez voyageur
Comme le ciel et toutes ces pâleurs et formes sublimes
Par la mort usent la chair de la mort qui est la terre.

LE BONHEUR !

(Rimbaud)

Le retour s'est passé
Il reviendra par de plus hautes ombres
La haine de l'azur et le trou du sommeil
Nous saurons aujourd'hui saluer la beauté
En son nom (pour qui les yeux se sont fermés).

LE PUR POÈTE EST MIS dans le sang écumeux
Est pris entre les lianes turgescentes
Des eaux des yeux des têtes médusantes
Et des douleurs à l'infinie expansion
Quelques bulles crevant de chaleur désirante
Quelques larmes chantant dans leurs creux ténébreux
Et lui le voyeur des chairs bouleversantes.

TON ADMIRABLE CŒUR et ton rinceau Hélène
Sont cachés dans la tombe adorable de cris
Près des eaux sépulcrales du haut, et inhumaines
Attitudes de cristal, d'éclairs et d'esprit.

POUR CE VENTRE QUI DOUCEMENT placé au paysage
Sur le plan du soleil la nuit coupablement
Cherche un ventre avec plaisir contraire,
Comment sortir de ce tourment? dit le Seigneur.

180

Le rire a l'accent des choses oubliées
Qui dorment étourdies. La femme toujours nue
Sous sa robe promène un plaisir de la mort
Magicien qui la fait chanter et la fait rire.

LOIN

La ligne de l'abysse et le chiffre virgule
Me regardent curieusement tandis que je nais.

LA FEMME NOIRE

Incomparable terre verte douce et funèbre
De colline avec châteaux et ombres
Et lointains accords entre cimetières
Portée du chant des amants de la mort,

La femme onduleuse, à la hanche au dos noirs,
Passait ; elle étincelait pour la mort
La mal mariée
S'éloignait en éclatant de rire au vallon vert.

181

Éclaireuse des morts ! Je la voyais fumante
Et partir et s'envelopper pour toujours
Et le mauvais mari c'était moi encore.

CRISTAL DU SENTIMENT
Concentré d'ozone tu montes et tu joues.
Figure jadis en sang coulant tes bluets
Mains tes ombres dans les rivières de jardin
Œil sec avec fraise de dentelle bleue d'horizon
Nuages abondants et fleuves intimes.

PARDESSUS

Ce qui est lourd et creusé par le ciel
O femme imprévue : c'est mon sein mourant
Que je porte sous un pardessus rouge dans la ville
A peine avec ce nuage de mélancolie dedans.

ÉLOIGNEMENT

L'atrocité nous prend à la lumière
D'être des monstres, voilant leur voile avec leur main.
Le nerf sacré s'écarte de la lèvre.

Il reste une odeur triste et des roses de poignets
De longs quiproquos d'idées sublimes vertes
La main coupée du plaisir solitaire
Et la forme fatidique d'un vieux sein.

LES MASQUES

1

Quel couteau a tranché dans le fond de l'abîme
Quelle fleur? et d'argus aux cent yeux
Quel œil, le plus intime et balbutiant et bleu?
La chaude fleur devint-elle fille de l'enfer
Après un jeu de corps de démons entrevus
Trop tôt par la délégation de l'innocence?

Ou serait-ce le couteau qui dès l'aurore
Sous un arbre géant natal tout mystérieux
Tailla, pour oser la vie humaine?

2

C'est alors sous les arbres clairs de la colère
Qu'ils se sont mélangés touchés entre-blessés.
Un peu de mort s'est déposée
Toujours sur la bouche qui s'ouvre
Et la clarté chaude accoucheuse de ciel
S'est vue fendue d'une lézarde verte indécise
Comme sur ces visages incarnats des traces de vers
Qui dévorent l'immobilité de l'avenir
Et que la beauté devant la glace noire
Efface d'un doigt coupable et acharné.

3

La faute est l'enfant qui dort. Sous ses linceuls
Repliés et criants. Elle a mille pensées.
Femme tu n'as qu'un cœur homme tu n'as qu'un
      membre
Mais allaitez le sommeil de la faute
Plus vaste que les pépiements de voie lactée
Venant d'avant vous!
Avant le premier jet et devant la naissance.

4

L'observerons-nous lui toujours au repos
Qui tend à s'allonger sur le sable? O le meurtre
Admirable avec ses yeux de perle fine
Et sa main molle de noyé, c'est son fils
Et la destruction sa fille en loques de fer.
Mais lui! le maître qui toujours tend au repos.

5

Livide et dans les ombres, porteur de la Mort,
Qui t'a vu égorgeur du cœur de ta noble sœur
A la pointe des larmes
Et qui t'a vu jouisseur fautif des blessures
Au temps de la sombre matière et qui t'a vu
Glouton mangeur du sein de chair humaine
Et de toi-même en le détruisant, jeune fleur?

6

Mort et assassinat visibles dans l'œil roux
Miré aimant d'être vu et coupable;
Figures noires par deux qui traînent sur le sable
Au bas du figuier rose et toujours verdoyant.

7

Aimant d'être coupable et coupable en aimant
Et d'être en aimant coupable! Tant de détours
Par le terrestre monde enfantin il en est tant
Par l'abîme : aimer tuer meurtrir baiser.

8

Quel outil eut la mort
Procédant avec l'horreur de soi première
Elle fit la personne! Sculpture sur chair
Scalp de nobles chevelures de princesses du sang
Ne font pas plus de mal que ce travail d'humeurs
De rêves de remous de charmes de visions
Mais aussi d'espoirs : j'aimerai comme un homme
Non plus comme illimitée une chair.

9

Écoute ô Bethsabé! le Roi s'émeut pour toi
Il brandit vers les eaux muettes de ton épaule
Il affaiblit pour toi ses massives armées
Il met ses trésors dans ta main. C'est son œil
Qui l'a trahi indûment et s'est ton œil
Qui s'est exposé indûment et c'est la mort
Qui heurte dans vos seins. Écoute, Bethsabé.

10

Aveugle comme est l'amour avant qu'il n'aime
Monseigneur, est la mort qui punit et étrangle
Encore avant l'amour
Sbire éloquent qui tranche la pensée
Fait reculer le sang et corrompt la douceur.

Défense, horreur sacrée! Silence interdiction.
Dieu sacrificateur de l'unique prison
Qu'avons-nous fait, pour tant de têtes coupées solaires
Pour ces larmes de si antiques cimetières.

11

Le meurtre vient droit de l'abîme
Toujours innocent épais consoleur
Qui n'a pas de nom replonge à l'abîme.
Ses membres sont élastiques pleins de taches
Sa face ne paraît jamais jouir
Il est dur, fuyant dans l'éternel, et mou.
As-tu vu comme le meurtre tue? Jamais si tu
Ne l'as pas vu passer dans tes vrais membres.

12

Ces anges ces monstres
Regarde-les plus nobles que le chacal de la nuit,
Ces machines qu'ils ont, si secrets sous leurs masques,
La vie, la vie même.
Il faut un appel extraordinaire au secours
De tout le sexe de la vie pour que dure la vie.

13

Désespéré
Voilà comment le noble mal
A pu franchir : désespéré.
Et sa rude innoncence : désespéré.
Un collier de mains fraîches
Des nez des cœurs brochés sur un fil d'acier
De froids calculs avec des fragments de matière
D'ancienne vie! et le silence sur ce qu'il fait.

14

Une masse assez large épaisse noire et brune
Commencement d'une création humaine
D'une vie d'une naissance future
Avec vous je touchais cette forme avec crainte
Elle était chaude
Comme de la chair humaine.

15

Son ombre ayant délimité le monde
Son doigt ayant sculpté le sang humain
Sa dent ayant mordu dans la jeune apparence
Par la faute ayant fait l'idéal, et rangé
La méchanceté sous son chef
Inventé à la fin la roue miroitante !
Il s'arrête
Il se retrouve au début : guerre et néant.

16

Celui qui forme tout est celui qui détruit
La chair de tout est celui qui préforme
La céleste illusion de la fleur de tout.

17

Celui qui sombre se regarde sombre
N'ayant plus de ta lumière péché
Songe : rien n'est pacifiquement pur comme la cire
Introduite dans le visage de nos membres
Rien d'égal comme la non-respiration
Rien de saisissant comme une exhalaison de pierre
Et le sourire intact abusé
Plein d'étoiles et le dôme du secret
Fermé.

18

Qui ne se réjouit de bientôt mourir
D'aller à son soleil et de mourir
De perdre ses faux yeux
De mettre ses mains froides dans l'azur
Et de se laisser pendre à la laine silence
Démesuré des mères, gardant dans la mémoire
De comparaître au tribunal du bleu?

19

La mort est la plus belle.
O la fin du combat dans l'adoration
La sortie du théâtre profondément étonnante!
La souriante issue
Des immondes matières de la vie du jour.

20

Mais ceux qui ont brisé ces sauvages blessures
Hurlant d'être ouvertes inguérissables
Ceux qui ont tué ces chairs qui fument
Ces lèvres qui pleurent, ces dents qui se lamentent
Ces yeux qui crient et ces cheveux qui dorment,
Tout remanié par la céleste mort!

Alors c'est un archange
Qui tire un son de son archet allongissant
Jusqu'à l'infini de l'ardeur toute bleue
S'il retombait
L'archet tu mourrais de mort béate dans l'instant.

21

Aime le chœur étincelant des syllabes
De renoncement aime le cri du corps
Qui perd la vie aime la chair de grâce
Sortie des fauves chairs de l'homme
Fais grâce à l'homme !
Aime l'appauvrissement démesuré
Le soubresaut final et l'immédiate aurore.

P

Cette blanche signification quand je suis né
Je le revois toujours sous mes ciels mornes
Le linge ouvert en deux où je suis né
Sur la droite était marqué en lettres d'ombre :
Bienvenu
Et sur la gauche était marquée la lettre P
Qui signifie : pitié pour tout le monde.

LANGES

Le linge enferme le noyau de l'homme
L'enfant et le mourant sont portés par le linge
Sur le blanc linge est le babil obscène de la pensée
Au linge sont remis les membres très anciens
Las de brandir, mais cuirassée de linge
Et ceinturée la femme recommence au linge
Immobile pli muette destinée.

TOUT PREMIERS LES RAYONS
Ce furent les rayons les rayons les rayons
(Étincelle d'or de la lumière nature)
J'étais de ces rayons perlés de cri et d'aube
De ces mousses de jour de ces fleuves sous terre
D'amour! et je mangeais le feu du ciel.

Et puis un mouvement de la puissance avare
Se fit. Ce furent les rais nus de verre
Cassants et beaux comme la cruauté
Qui jouissant de fendre l'air dans sa douleur
Accouplèrent la nuit les hommes et le jour.

DANS LE ROCHER MIRIFIQUEMENT durci de larmes
Dans la forêt claire verte mortellement
Ces deux eaux sans théâtre
Étaient les yeux, les yeux jumeaux de la solitude.

A CELLE QUI S'AMUSE

Inguérissable amour! Inguérissable plaie
Inguérissable rouge feuilles dans du noir
Ou du blond mais toujours du sombre
Inguérissables maigres démons nus
Vous luisez en vous tordant contre les ombres
Inapaisés inguérissables trous sanglants.

Tu voles portant un sourire enragé
Tes yeux se promènent comme deux pierres
Ta chevelure est un jeu de frisons sur la tombe
Ton masque est mort pour mieux regarder
Pour mieux regarder des feux d'entrailles.
La déraison cherchant à devenir raison
Inscrit un numéro sur la tenture.

SICUT CERVUS

Comme le cerf altéré
Se meurt dans un abreuvoir
Le jour et la nuit j'entends
Que l'on me dit « où » sans cesse
Où est ton Dieu? époumonné
Tremblant du sang dans l'écume
A la face de qui j'adore
Comme le cerf éventré.

COMME LE CERF EST PRIS dans l'aile
De la chasse du sang et meurt
Je voudrais enfin t'avoir
Sur le haut talus du monde
Eau vive contraire du ciel.

LORSQUE LE CERF EN CHALEUR
Courait sur le talus de la misère
Il a troué le sol du talus du désir

194

Le voilà dans l'autre effrayant paysage
Désert parfait matrice de l'air bleu
Où se tiennent droites ses larmes
Coagulées comme du sperme.

LE DÉSESPOIR A DES AILES
L'amour a pour aile nacrée
Le désespoir
Les sociétés peuvent changer.

TRACES DES LÉMURES

O nombre! ô trace des pas abandonnés
Sexes perdus ayant servi, comme des lémures,
Recouvrement toujours de la mer de la chair
Par la chair et vain effort d'évasion.

On éclaire les rues d'en bas sous les narines
Un absolu besoin circule
Une femme noire une femme sévère
Vend des portraits qu'il est interdit de vendre.

Diabolique raison! et sur la boue velours
Des yeux de biche des yeux de corset
Des yeux de serpent noir
Des yeux de mécanique et un frisson de nacre.

INCARNATION

J'ai tant fait que tu parais lointainement
Sur la chair même de la vie
Au terrible fumier des plaisirs
A la mécanique des démons de l'insurrection
A la raison logicienne des morts!
Tu parais avec ton linge de douleur
Avec ton ris
Avec ton pardon à notre infâme bruit
D'intestin de larmes.

VIERGE FOLLE ET VIERGE SAGE vous portez
Deux morceaux de mon cœur également brûlés
Que vous abandonnez sur la même rue
Par le même mouvement doux désordonné
Pour la même raison avec la même crainte.

CE SOIR JE LUI PARLAI il était Dieu
C'était clair, et parlant à son sein arespirant
J'étais
Dans la noirceur devenue si fine que le cœur
Fait tomber ses pelures
Dans la confusion entre membres et nuit
Sa douceur! J'étais nu
Je vis quand il allait me laisser mortellement.

ADMIRABLE MOMENT DU TEMPS, de la faveur
Où passe le regard absent et éternel
Qui se connaît voilé de ses voiles de deuil!
Les tambours du néant
Les trompettes sans corps
Sans bruit font retentir
De vastes, de géants appels somptuaires.

LES AMIS ÉPROUVÉS forment un cimetière
Sous le chant d'un oiseau qui ne vous perce plus
Et les femmes aussi, tous les atours perdus
Dans la miette attendrissante de la terre.

VAL ÉTRANGE

GRAVIDA

Le chemin de rocs est semé de cris sombres
Archanges gardant le poids des défilés
Les pierres nues sont sous les flots au crépuscule
Vert émeraude avec des mousses et du sang.

C'est beau! la paroi triste illustration
Chante la mort mais non le sexe chaud du soir
Cela tressaille en s'éloignant infiniment
Jusquau lieu grave où j'ai toujours désiré vivre.

Là, muraille et frontière amère, odeur de bois
De larmes et fumier
Et le fils émouvant tremble encore une fois
De revoir dur ce qu'il a vu doux dans le ventre.

SUR-MOI CRÉANT

Amour de la beauté plutôt vulve que cendre
Vous vous taisez! le reste est un combat de cieux
Les armées vert-de-gris et les rochers pieux
Il fait froid si loin de la femme au fond rose.

Douceur! les prairies fument comme des seins
Allaitent le bout des ruisseaux, ah jamais plus
La faiblesse du désir vers sa poitrine
L'amour des villes, l'écharpe chaude couleur de sang...

Mais la tourbière et les odeurs de sexe et les joncs?

DEUX FOIS

Plus de cuisse mélodique à la racine
Plus de giron sombre et rehaussé de fard
Œuvre de chair tu feras : plus de repas
De la honte des parties au soleil de la ville

Qui chauffe sinistrement après la jouissance
Adultère. Mais en haut les principes de vent!
Ils ont chauffé ton cœur aux vallons décharnés
Ils ont blessé ton désir entre deux paumes de neige.

Plus de seins suspendus au spectre de la tête
Dans la prison à mort de l'amour,
Tout tombe sinon Dieu la glace et le méchant.

FENTE DU MATIN

Mon vallon élevé sans pavillons ni bords
Ma motte émerveillée vers le soleil, dehors
De mon sommeil toujours voisin des sangs anciens,

Le ciel meurt inouï de son coupable bleu
A me voir me sortir du rêve de la terre
Ou mouvement exquis de mes jambes poilues
Marcher dans mon secret avec le petit air.

Contre-vent fou sous mes poils blonds du nord
Et le bout raide et blanchâtre du mont
Me saisit et de mes faveurs je l'inonde
Eaux vertes, dentelles furieuses de la mort.

VARIANTE DU MÊME

O vallons élevés sans pavillons ni bords
Admirablement bleus nus vous vous éveillez
Sur les fonds les vagues duretés de l'air.

Le ciel meurt inouï sans consolation
De vous regarder bleus dans votre nombre
Une jambe marchant au confluent secret
Dans le vert des forêts petites vénusiennes.

Contre-vent! le jade a déplié son vert
Des eaux alimentées aux remparts solennels
Ici guerrières nues et furieuses dentelles.

ESPAGNOL

J'avais vécu dans la boue très longtemps
D'une sœur trop sale et je me trouvais nu
Contre ces champs de rocs pointus et espagnols

Et comme j'aimais les blessures qu'ils font
Je m'étourdissais sur la prairie
Dans le vaste et le dégoûtant inouï
Je m'écorchais à ces sommets qui sont si frais

Des pays baisant de nuages leurs dieux,
Moi je tremblais d'avoir à mon ventre ce vit.

SUR LA PENTE

Fumez en pierre et durcissez en larme
Tout est-il si bas dans le ciel pur
Que tu es beau charnel sarcophage
Bouche déchirante de la pierre !

Boire l'homme à l'état liquide
Est un ancien désir de femme
Et le murmure de l'eau
La pyramide des nuées.

VAUX ÉTRANGES

On n'éprouve pas sous ces chutes
De jour dans les aiguilles des alpages
Le besoin de palais ou de roses
Les dures tapisseries sont dans l'air cruel frais

Les larmes coulent avec volubilité
Arrosent les chantiers de nos souvenirs
Les bouquetins sont familiers des prairies mêmes

Au fond du jade tout est éternel
Le mobilier couché
Du talent de l'esprit y reprend vie et forme.

L'ŒUF OUVERT

Si je saisis tes basses lèvres quel tremblement
Le chemin blanc du val aveugle de poussière
On y tombe vaincu d'amour et de colère
On y meurt de se souvenir
Quel tremblement des lèvres quel cri quelle ombre
Génisse de l'amour.

LIEU SANS FORME
AIMÉ ÉTERNELLEMENT

A soigner les humeurs lugubres du rocher
Mère du sang des morts ou sœur chaude des morts
Ton baiser s'est posé sur moi près des armoires
Quel abîme noirâtre et fade tu réveillais
Suave un creux de sang
Visible dans un flot de blonde volupté!
Je n'ai rien oublié statue maigre de chair
Pécheresse et absolue de ma misère.

BLANC

Le chemin blanc du val est le meilleur amour
On y tombe, vaincu de haine, son accent
Repart et circonvient les prés de larmes
Et l'ancienne maison où les deux font l'amour.

Quel tremblement! quel cri! quelle ombre
Et le beau temps du monde en écartant les jambes
Se meut sur les sommets riants et laborieux
Avec ses traînées, vents soupirs et dieux.

207

LA BOUCHE D'OMBRE

Encore un effort de la lumière d'ombre
Encore un degré dans l'ouverture de la bouche
Renversement des forêts de poils dans les anges
Creusement céleste et chute dans l'odeur

Encor plus! le sang sous les lumières
Les membres au vent! les cris outrepassés
L'impudique position des membres frais
Multipliés par les miroirs chauds de la mère

Guéris la lèvre nue que je meurs d'embrasser
Restaure le temps des roses cavernes
Épuise le château de haine dans les glaciers.

SCRUPULE DE LA HONTE

Vos élancements sont brûlants comme des montagnes
Entre elle et lui et quand les cheveux blonds
Déferlent sur la grève au coquillage rose
C'est comme un volcan se nourrissant aux mers

En vous deux sont blessées les naissances charnues
En vous extasiées les punitions des morts!
Le frère incendie sa sœur, et adultères
L'un dans l'autre couchés sous la forêt du frêne.

J'y songe! Amour volcan de la pensée
Racine au cœur de Dieu porche mystérieux.

ESPRIT DE DIEU
POUR ROUVRIR LES HOMMES

Cent sources fémines coulant par ici
Creusent par érosion les litières funèbres
De la neige; la vie des roses par-dessous
Fume avec une mélancolie indicible.

Adoration du sang perpétuel
Et fente de la peau tu es sourde et très belle
Son cœur, par où elle parle, vient à fleur
Animal suffocant des vallées irréelles.

209

DERNIER SOUPIR

Je suis au désespoir d'avoir tout traversé
De mes noirs amoncellements de beaux rêves sans
    avoir
Pris même à ces montagnes leurs plumes
A ces mers leurs oiseaux de douceur sexuelle

Sans avoir couché la belle sur les roseaux
Ou sans avoir aspiré le miel des forêts
Et sans avoir tout confondu et renoncé
Pour le conjoindre en mon sauveur et l'adorer.

TRANSPORT

Après la sombre eau claire où l'on aima la sœur
Après le brouhaha du bonheur dans le jet
Du plaisir contre la chevelure fièvreuse et l herbe
Après les pas dans le temps encombré de chairs
Après les larmes de regret dans les basses branches

Après l'après-midi du baiser à la ville
Après le matin du paradis terrestre
Après les rocs dans le fulgurant jugement de l'été

Après la faute et après la pénitence et après la pureté.

FULVIE

Mais quand désespérée de voir faiblir le bond
Quelle oscillation fauve elle avait bouche d'ombre
Quel envasement elle avait en mémoire
Dieu s'en souvient, et la fumée de l'accablement
Remontait à la course des chairs vers les naseaux
Et l'éruption des hontes de la femme
Avec les dents faisait claquer l'ivoire des morts.

QUATRAIN

Délivré des dents et crins de la femelle
Victime je suis un atroce conduit
Pour travailler à ces peintures de la nuit
Où seront célébrées ses muqueuses merveilles.

L'ORAGE CHANGÉ EN FEMME

Le tonnerre punisseur tombait sur les flancs
Éclatement du grand sperme bleuâtre
Interminablement montagne contre espace
Comment le supportaient nos sommeils prisonniers?

Ces chocs, ces punitions et comme il nous frappait
Aux lieux inconnus — nous ouvrions les yeux
Un matin, nous apercevions une blanche
Femme modifiant tout l'ancien horizon.

Neige, tu étais nue, mais éparpillement
Du sexe de la nuit, crue et mystérieuse
Sous le miroir du bleu et bleu étonnement.

DE PLUS EN PLUS FEMME

Oui féminine et grasse et vermeille
Je me suis vu sur le sommier écartelé
Pour recevoir l'hôte de pierre
Lèvres! celui que je suis et que je hais

J'étais cave et j'étais mouillée
De bonheurs montant plus laves que le lait
Que retiennent les étoiles de ma gorge
Et j'arrivais disais-je à cette mort exquise

Je me relevais fécondé.

MYSTIQUE

Finalement sous l'atroce bleu ciel
Face à face avec Dieu sans distinguer
Rien d'autre que le coup d'éponge ne délivre
Le féroce donneur de larmes s'est retiré
Sœur ancienne
Et de tes yeux tombait la perle rose de la beauté.

CALVAIRE

Ce flanc verni d'aurore
Le panneau bleu de la foi
La fuite du péché commis dans les eaux gaies

La garde des nuées qui fond sur la crête
Et les profonds espoirs magnétiques du vert
Mais verticale en nous l'image du calvaire

Val étrange
Une inconnue connue avec l'œil d'ange
Meurt de son œil épais de son œil charnu
Les montagnes s'élèvent dans l'inutile beauté

Sur ma cendre inscrivez : s'est nourri de détresse
Et dans son horreur a grandi
Mortis mortem vincit qui moriturus vixit.

A LA FIN...

A la fin la clarté devient folle d'octobre
Le paysage est transparent et décharné
Les ombres percent le sol jusqu'au cœur
Les glaciers touchent les yeux et quelle brûlure
L'exquise aurore bleue ne quitte pas le jour
Vraiment on tremble d'irisations et d'amour
Devant cette blonde
Maîtresse transparente des hauteurs.

TABLE

LES NOCES

NOCES

LA SYMPHONIE A DIEU

INCARNATION

LE PÈRE DE LA TERRE

SUEUR DE SANG

AVANT-PROPOS

SUEUR DE SANG

Ce volume,
le treizième de la collection Poésie.
a été achevé d'imprimer
le 19 novembre 1981
sur les presses de Firmin-Didot S.A.

Imprimé en France
Dépôt légal : 4ᵉ trimestre 1981
Nº d'édition : 29624 — Nº d'impression : 9139

29624